# 김포 역사산책

이경수 지음

도서출판 신서원

김포 역사산책

  2008년 7월 14일 초판1쇄 인쇄
  2008년 7월 24일 초판1쇄 발행
  2009년 1월  5일 초판2쇄 발행

  지은이 · 이경수
  펴낸이 · 임성렬
  펴낸곳 · 도서출판 신서원
  서울시 종로구 교남동 47-2 협신빌딩 209호
  전화 : 739-0222·3  팩스 : 739-0224
  등록번호 : 제300-1994-183호(1994.11.9)

  신서원은 부모의 서가에서 자녀의 책꽂이로
  '대물림'할 수 있기를 바라며 책을 만들고 있습니다.
  잘못된 책은 연락주세요.

## 시작하는 글

드라큘라는 자신의 모습을 거울에 비춰볼 수 없다고 합니다. 영혼이 없어서 아무리 거울을 들여다봐도 얼굴이 비치지 않는 거래요. 그래서 반성이라는 걸 할 줄 모른다고 합니다.

"거울아, 거울아 이 세상에서 누가 제일 예쁘니?"

백설공주의 계모는 얼굴 예쁨만을 확인하고 싶어 거울을 봅니다. 세상에서 제일 아름다운 여인이기를 바랄 뿐이죠. 그녀도 드라큘라보다 나을 게 없는 사람입니다. 거울을 통해 자신을 반성할 수 없기 때문입니다.

청동기시대 사람들은 거울로 하늘의 계시를 받을 수 있다고 믿었답니다. 그들은 거울 앞에 공손했습니다. 거만하지 않았습니다. 지금의 우리도 거울 앞에서 조금은 더 겸손해야 한다고 생각합니다. 그 속에 비친 자신의 모습을 보며 지금껏 살아온 날들을, 그 시간을 되돌아보는 여유가 필요합니다.

역사라는 것도 거울과 비슷한 데가 있습니다. 과거

의 사실들을 되돌아보며 오늘을 이해하고 내일을 설계할 인생의 나침반 같은 것이 바로 역사입니다. 그 시대의 특징·사건·사람들에 대한 기록을 꼼꼼히 챙기다보면 자연스레 앞으로 가야 할 길이 보일 때가 자주 있습니다. 역사를 공부하는 방법은 다양합니다. 이 책에서는 문화유산을 통한 역사만나기를 시도해 보려고 합니다.

학교에서 체험학습이 강화되면서 아이들을 데리고 역사유적지를 찾아야 하는 일이 잦아지고 있습니다. 부모들은 아이들의 충실한 안내자가 되어야 합니다. 목적지에 도착해서 정작 아이에게 아무것도 해줄 말이 없을 땐 난감합니다. 어느 정도의 준비가 필요하죠. 저는 여러분에게 작은 도움이 되고 싶습니다.

몇 해 전 저는 『역사의 섬 강화도』라는 책으로 여러분을 만난 적이 있어요. 이번에 제가 여러분을 안내할 곳은 강화도와 닿아 있는 경기도 김포입니다. 거의 20년을 김포에서 직장생활하는 인연으로 『김포 역사산책』을 준비하게 되었습니다.

김포는 넓은 들판이 유명합니다. 신도시가 들어서기 시작하면서 농촌의 모습이 점점 사라지고 있지만 아직은 김포평야가 여전합니다. 사람을 먹이고, 재두루미 같은 철새도 먹여 살리는 김포평야는 어머니의 품을 닮았습니다. 어머니 품속처럼 포근한 김포에도 역사유적이 많습니다. 이제 역사 속의 김포로 여러분을 모시겠습니다.

우선 1부에서 대표적인 문화재를 찾아가 볼 겁니다. 편의상 서울에서 강화도로 가는 방향을 따라가며 여러분과 함께할 것입니다. 김포뿐만 아니라 다른 지방의 역사유적을 보시게 될 때도 도움이 될 수 있는 설명들을 곁들일 것입니다.

2부에서는 1부에 소개한 문화재와 관련해서 김포의 역사흐름을 정리하게 됩니다. 김포의 역사는 우리 역사의 한 부분이기도 합니다. 미흡하기는 하지만 2부의 글을 통해 배움이 있는 역사체험을 하실 수 있으리라 믿습니다.

이 책을 준비하는 데 많은 분의 도움을 받았습니다. 우선 김포와 관련된 책과 논문을 쓰신 분들께 감사드립니다. 아무리 답사를 자주 한다고 해도 기본적인 지식이 없다면 글쓰기가 어렵습니다. 그분들의 책과 논문에 힘입어 제 글을 완성할 수 있었습니다. 특히 김포시청과 한양대학교박물관이 함께 펴낸 『김포시의 역사와 문화유적』은 제 작업의 '선생님'이 돼주었습니다. 제가 의지했던 글들은 이 책 뒤 '도움 받은 책들'에 소개하였습니다.

김포문화원에서는 귀한 자료들을 제공해 주셨습니다. 강화역사문화연구소 김형우 소장, 동국대학교 윤명철 교수는 관심과 격려를 아끼지 않으셨습니다. 제 근무지인 양곡고등학교 여러 선생님은 김포 역사유적에 관한 조언을 해주며 책 작업을 도와주셨습니다.

이번에도 신서원 출판사에 큰 신세를 졌습니다. 이 원고가 책으로 태어나게 해주셔서 고맙습니다.

이경수

<차 례>

시작하는 글 ■ 3

## 1부 문화재 돌아보기

김포시내부터 시작해 봐요 ·················· 13
원종 왕릉_ 장릉 ▪ 13
장릉을 위한 사찰_ 금정사 ▪ 23
김포의 정신_ 김포향교 ▪ 25
조헌의 영원한 집_ 우저서원 ▪ 29
충절의 상징_ 연안이씨십삼정려각 ▪ 36
조선의 무장_ 심응사당 ▪ 41
안쓰러워라_ 운양동 고인돌 ▪ 44
미륵 부처님이 계신 절_ 용화사 ▪ 48

양촌면과 대곶면엔 무엇이 있을까 ·················· 51

독립을 외치다_ 오라니 장터 3·1만세운동 기념비 • 51
서원의 부활을 소망함 _ 대포서원 • 54
양성지 사당_ 수안사 • 57
진달래 바다_ 가현산 • 61
산성과 봉수의 만남_ 수안산성 • 65
또 다른 학교_ 대성원 • 68
아름다운 전적지_ 덕포진 • 73
바가지 하나 남기고…_ 손돌묘 • 78
사람을 귀하게 여겨라!_ 돌우물 • 82


하성면으로 가봐요 ················································ 86

이목 사당_ 한재당 • 86
나·너·우리 모두 '애기'입니다_ 애기봉 • 92
장만의 영정_ 옥성사 • 95
막내 생육신_ 남효온 묘 • 99
민성의 죽음을 기림_ 정성지문 • 106


통진읍 그리고 월곶면의 역사 찾기 ·················· 110

신도비 공부 터_ 심연원·심강 신도비 • 110
성과 속의 공존_ 통진향교 • 118
진정한 선정을 꿈꾸며_ 군하리 비군 • 121
두꺼비 닮은 돌_ 고정리 고인돌군 • 124
오르며 역사를 안다_ 문수산성 • 126


가볼 만한 문화공간 ················································ 135

김포 국제 조각공원 • 135
덕포진 교육박물관 • 137
김포다도박물관 • 139
태산가족공원 • 141
옛날전시관 • 142
김포유리박물관 • 145


## 2부 김포 문화재로 보는 우리 역사

김포라는 지명의 유래 • 149
쌀, 떡, 밥 • 151
청동기는 합금입니다 • 152
고인돌 • 155
삼국시대의 김포 • 158
고려시대의 김포 • 163
조선 정치형태의 변화 • 167
연산군의 칼바람, 무오사화 • 172
자헌대부? 숭정대부? • 175
임진왜란에 대한 몇 가지 궁금증 • 178
조선의 대학자 양성지 • 188
김포의 얼굴, 조헌 • 194
이괄을 위한 변명 • 203
광해군 · 인조 그리고 원종 • 207

정묘호란이 일어난 이유 ▪ 211
청나라의 침공, 병자호란 ▪ 215
병인양요와 문수산성전투 ▪ 219
3·1운동, 그 만세의 함성 ▪ 225
향교의 이모저모 ▪ 231
봉수제도에 대하여 ▪ 235
이제 마치려고 합니다 ▪ 241

　김포 역사문화유적 목록 ▪ 243
　도움 받은 책들 ▪ 245

## 1부 문화재 돌아보기

# 김포시내부터 시작해 봐요

원종 왕릉_ 장릉

 서울 김포공항 앞에서 우회전하면 김포로 오시게 됩니다. 몇 분 걸리지 않아서 바로 김포 땅입니다. 김포와 서울이 맞닿아 있는 곳, 제일 먼저 발 들여놓게 되는 김포 땅, 그곳은 고촌면입니다. 대표적 농촌드라마 '대추나무 사랑 걸렸네' 촬영지가 바로 여기 고촌면 신곡리였습니다. 천등고개 길이 넓게 확장돼서 금방 김포시내로 들어오게 됩니다.

 김포시내로 들어오면서 사우사거리를 만납니다. 여기에서 김포시청 방향으로 좌회전, 시청정문 앞에서 왼쪽 언덕길로 조금 더 오르면 오른쪽으로 장릉이 있습니다.

 장릉 안으로 들어서면 머리부터 맑아집니다. 흙냄새,

나무냄새, 풀 냄새에 새 소리까지 모든 게 정겹습니다. 나이 넉넉한 나무들 주위로 이름 모를 야생초가 가득합니다. 사람 손에 의해 가꿔진 꽃들이 아닙니다. 그냥 철 따라 제 스스로 피고 지는 들풀, 들꽃입니다. 그래서 더 살갑게 다가옵니다. 작은 개울에서 가재 잡는 아이들의 얼굴엔 신명이 넘칩니다. 저기 나무 그늘 아래에선 할아버지 두 분이 장기를 두고 계십니다. 여름 장릉에서 가끔 볼 수 있는 장면이지요.

우거진 숲길을 천천히 걷다보면 이내 홍살문입니다. 그 맞은 편 돌다리부터 건너가 보죠. 넓은 연못이 당신을 맞을 겁니다. 싱싱한 초록 연못에서 눈 가늘게 뜨고 연꽃을 찾아봤습니다. 한참 만에 찾았습니다. 연꽃이 보고파 여러 번 왔었는데 이제야 겨우 한 송이를 만난 겁니다. 귀해서 더욱 돋보이는 연꽃, 그러나 그 연꽃이 돋보이는 건 연잎 덕분입니다. 세상의 모든 '꽃'들은 '잎'들에게 감사할 필요가 있습니다.

수려한 연못가를 길 따라 돌아가면 정갈한 한옥이 당신의 걸음을 멈추게 합니다. 장릉의 재실齋室이었던 건물인데 지금은 관리사무소라고 하네요. 재실은 조선시대에 왕릉의 관리담당자가 제사를 준비하던 곳이랍니다. 그럼 조선왕릉 가운데 하나인 이곳 장릉에는 어떤

장릉 정자각

분이 모셔져 있는 걸까?

장릉은 조선 16대 임금 인조(仁祖, 1623~1649)의 아버지인 원종과 어머니 인헌왕후를 모신 쌍분雙墳입니다. 조선의 임금 중에 원종이라는 분은 없어요. 원종은 실제 임금이 아닙니다. 그의 아들 인조가 광해군을 내몰고 왕이 된 뒤 이미 돌아가신 아버지 정원군을 왕으로 높여 정한 것입니다. 그래서 원종을 추존왕追尊王이라고 부릅니다.

자, 이제 다시 홍살문 앞에 섭니다. 홍살문은 둥근 기둥 두 개를 세우고 그 위에 화살모양의 붉은색 나무를 나란히 얹어 만든 문입니다. '붉은 화살'이라는 의미를 따서 홍살문이라고 하는 것이죠. 위엄과 엄숙함이 깃든 곳임을 알리려고 세우는 것인데 능묘 외에도 향교나 서원 그리고 관아와 궁궐 등에서 볼 수 있습니다.

홍살문 저 안으로 반듯한 건물이 보이죠? 정자각이라는 것이에요. 홍살문에서 정자각에 이르는 길은 돌을 깔아 만들었는데 참도參道라고 합니다. 참도를 자세히 보면 길을 둘로 나눈 것을 알 수 있죠. 오른쪽 길은 왕이 걷는 길이라 어도御道라고 하고, 왼쪽 한 단 높게 만든 길은 선왕[이곳 장릉에선 원종이죠]의 혼령이 다니는 길이라 하여 신도神道라고 합니다.

정자각丁字閣은 건물이 '정丁'자처럼 생겨서 붙은 이름입니다. 이곳은 무덤의 주인공인 왕과 왕비를 모시고 제사를 올리는 곳입니다. 정자각 옆 그러니까 동쪽으로 작은 건물이 두 채 있습니다. 아래에 있는 것이 수복방守僕房, 위에 있는 것이 비각입니다. 조선시대 왕릉의 구조는 대개 비슷합니다.

수복방은 묘역을 청소하고 돌보는 수복들이 쓰던 방입니다. 작은 방 한 칸과 부엌만 있는 단출한 건물이에요. 수복방에는 제사에 필요한 각종 물품도 보관했다고 합니다만 이곳 장릉의 수복방은 그냥 말 그대로 수복들이 머물던 공간이었던 것 같습니다.

비각 안에는 「원종대왕 장릉비」가 모셔져 있습니다. 앞면에는 '조선국朝鮮國 원종대왕장릉元宗大王章陵 인헌왕후부좌仁獻王后祔左'라고 쓰여 있습니다. 부좌란 '부부의 묘를 쓸 때에, 아내를 남편의 왼쪽에 묻음'이란 뜻입니다. 인헌왕후를 원종의 왼쪽에 모셨다는 이야기입니다. 비의 뒷면에는 원종과 인헌왕후의 간단한 약력 그리고 비를 세운 연대가 기록되어 있죠. 숭정기원후 126년에 세웠다고 나오네요.

정자각 뒤편으로 넓은 잔디밭이 펼쳐져 있고, 그 마지막에 봉곳한 두 개의 봉분이 있습니다. 밑에서 올려다봤을 때 왼쪽, 그러니까 서쪽 것이 원종의 묘이고 오른쪽 것이 인헌왕후의 묘입니다. 목책을 세워 출입을 금하고 있기에 가까이 가지 못하고 그냥 멀리서 바라봐야 합니다. 아쉽다고 생각하는 분들을 위해 그 안에 있는 석물들을 말씀드릴게요.

봉분 앞 중앙에 석등이 보입니다. 좌우로 말, 무인석, 말, 문인석이 나란히 서 있고 문인석 옆으로 망주석이 있습니다.

망주석

봉분 바로 앞에는 돌로 만든 상 같은 것이 놓여 있습니다.

봉분 앞 중앙에 있는 석등은 장명등長明燈입니다. 장명등은 임금과 고위직 관리의 묘에만 쓸 수 있는 것으로, 사악한 기운을 물리친다는 벽사辟邪의 기능을 담고 있어요. 진짜로 불을 밝히는 일도 있기는 하나 대부분이 상징적인 조명기구의 의미로 세워집니다.

장명등

망주석望柱石은 멀리서도 묘를 알아볼 수 있도록 하는 표식의 의미로, 이를테면 등대 같은 역할이 부여된 석물입니다. 돌기둥처럼 생겼다고 해서 석주石柱라고 부릅니다.

봉분 앞에 놓여 있는 커다란 돌상 같은 것을 상석床石 또는 석상石床이라고 합니다. 묘제墓祭 지낼 때 제물을 올려놓는 상입니다. 산소 주인의 영혼에 올리는 진짓상인 셈이죠.

상석을 혼유석[魂遊石, 묻힌 이의 영혼이 나와 앉는 자리]과 같은 것으로 설명하는 예가 많지만, 원래 상석과 혼유석은 다른 것입니다. 상석이 밥상이라면 혼유석은 깔고 앉는 방석 같은 것이니까요. 혼유석을 설치할 경우 그 위치는 봉분과 상석 사이입니다.

그럼에도 왕릉의 상석을 혼유석으로 부르는 것은 정자각이 있기 때문입니다. 일반인의 무덤에서는 상석에 음식을 차려놓고 제사를 올립니다만, 왕릉에서는 정자각에 제물을 차려놓고 제사를 올립니다. 왕릉의 상석에 음식을 올리지 않습니다. 그래서 왕릉의 상석을 혼유석이라고도 부르는 것입니다.

두 개의 봉분을 감싸 안듯 울타리가 둘려 있습니다. 남쪽 한 곳만 트인 이 담을 곡장曲牆이라고 부릅니다. 멀리서는 잘 보이지 않는데, 곡장 안쪽으로 양 네 마리와 호랑이 네 마리가 빙 둘러서 있습니다. 왕릉을 호위하고 있는 것이죠. 돌로 만든 동물이기에 석수石獸라고 해요. 양은 석양石羊, 호랑이는 석호石虎.

석수를 세우는 풍습은 중국에서 시작됐습니다. 처음에는 다른 부장품처럼 무덤 속에 묻었다고 해요. 그러다가 땅 위 봉분 주위에 세워지게 되죠. 가을 논에 허수아비 세워 참새를 쫓듯, 맹수의 형상을 세워 무덤 파헤치는 짐승들을 쫓아보려는 의도였지요. 또 묻힌 이가 살아있을 때 누렸던 권력을 과시하려는 의도로 석수를 세우기도 했습니다.

우리나라에서는 통일신라 때부터 석수로 석사자石獅子를 세웠습니다. 사자는 불교와 관련이 깊은 동물이기에 불교의 영향임을 짐작할 수 있습니다. 고려 말부터 봉분을 장식하는 석수로 석양과 석호가 정해져서 조선시대까지 그대로 이어집니다. 양은 희생의 상징으로 악귀를 쫓는 동물이고, 호랑이는 무덤을 수호하는 동물입니다.

장군의 모습을 한 무인석은 칼을 갖고 있는데 문인석은 두 손을 모아 길쭉한 것을 들고 있습니다. 홀笏이라는 것입니다. 원래 홀은, 신하가 임금에게 아뢸 말이 있을 때 잊지 않도록 그 내용을 적어서 들고 있던 것이라고 합니다. 그런데 점점 의례화해서 관복을 입고 조정에 나가면 꼭 들어야 하는 필수품이 되었습니다. 조선시대의 홀은 길이가 33cm 정도였는데 1~4품의 고위직 관료는 상아로 만든 홀을 들고, 5~9품의 하위직 관료는 나무로 만든 홀을 들었다고 합니다.

문인석 홀

홍살문으로 내려와 오른쪽으로 가면 넓은 소나무 숲입니다. 그 숲에 가 앉으면 자연에 대한 고마움이 절로 우러납니다. 아름다운 곳이지요. 지금까지 폐쇄되어 있던 장릉 외곽산책로가 얼마 전에 열렸습니다. 여기 소나무 숲에서 바로 이어집니다. 산책로 남쪽에는 작은 저수지가 있는데 아주 운치있는 곳이에요. 저수지라고 부르기보다는 예쁜 호수라고 해야 할 곳입니다.

아! 혹시 혼동하실까 싶어 알려드리는데요, 우리나라 왕릉 가운데 장릉이라는 이름을 가진 곳이 셋입니다. 여기 원종의 능인 장릉章陵이 있고, 원종의 아들인 인조가 묻힌 장릉長陵도 있습니다. 한자는 다른데 한글이 같죠. 장릉長陵은 경기도 파주시에 있습니다. 또 하나는 강원도 영월에 있는 단종의 능, 장릉莊陵입니다.

### 숭정기원후 126년?

'숭정기원후일백이십육년입崇禎紀元後一百二十六年立'

「원종대왕 장릉비元宗大王章陵碑」에 기록돼 있는, 비를 세운 연대입니다. 이게 무슨 말인지 차근차근 알아보도록 하지요.

우리가 쓰는 연대 2008년은 서기 2008년입니다. 서기는 '서력기원西曆紀元'을 줄인 말인데 그냥 기원이라고도 하죠. 대략 예수께서 태어나신 이후부터를 이렇게 부르고 예수 이전 시대는 서기전 또는 기원전이라고 합니다. 옛날 동양에서 서력기원을 썼을 리가 없겠죠?

동양은 '연호年號'라는 것으로 연대를 표기했답니다. 연호는 중국 임금이 정하고 우리나라를 비롯한 주변국들은 중국의 연호를 받아 그대로 사용하는 것이 관례였어요. 법흥왕을 비롯한 신라의 몇몇 왕과 고구려 광개토왕 그리고 고려의 광종 등은 중국 것을 거부하고 우리 고유의 연호를 제정하기도 했습니다. 그렇지만 우리나라 대부분의 임금이 중국 연호를 따랐습니다.

「원종대왕 장릉비」에 쓰여 있는 '숭정崇禎'은 명나라 마지막 임금 의종毅宗이 1628년~1644년까지 사용했던 연호입니다. '숭정 기원후 126년'은 숭정이란 연호를 쓰기 시작한 1628년 이후 126년이 지난 때를 말하는 것이니까 서기 1753년이 됩니다. 1753년은 영조 29년이에요. 그러니까 「원종대왕 장릉비」가 세워진 것은 1753년(영조 29)이 됩니다. 장릉을 조성하던 인조 임금 때 세운 비가 아닙니다.

당시 중국은 청나라였습니다. 그럼 청나라는 연호가 없을까요? 아니죠. 분명히 있습니다. 1753년은 청나라 고종 18년으로 건륭乾隆이라는 연호를 쓰고 있을 때입니다. 그러면 그냥 건륭 18년에 세웠다고 하지, 왜 숭정기원후 126년이라는 복잡한 표기를 했을까요?

청나라는 한족漢族이 아닌 여진족이 세운 나라입니다. 금나라를 세웠다가 망한 뒤 다시 후금을 세웠는데 그 후금이 나라 이름을 청으로 바꾼 것이죠. 고려와 조선은 여진족을 오랑캐로 여기며 홀대했었습니다. 조선은 명에 대해서만 사대정책을 취했었지요.

더구나 조선은 두 번씩이나 여진의 침략을 받았습니다. 정묘호란과 병자호란이 그것이죠. 병자호란에서의 치욕적인 항복 이후 청을 쳐야 한다는 북벌론이 등장하기도 했어요. 아무튼 청에 대한 감정이 좋지 않았기

> 에 이미 망해버린 명의 마지막 연호를 고집스럽게 사용하기도 했던 것이랍니다.

## 장릉을 위한 사찰_ 금정사

금정사金井寺는 장릉의 원찰願刹이었어요. 원찰이란 '죽은 사람의 명복을 빌던 법당'이니 원종과 인헌왕후를 위해서 세운 절이었다는 얘기입니다. 이 절의 원래 이름은 봉릉사奉陵寺였습니다. '봉릉'은 왕릉을 받든다는 의미이니까, 절 이름에서도 장릉의 원찰이었음을 확인하게 되네요.

1930년과 1938년에 중수重修하였는데 1950년 6·25전쟁 때 크게 파손되었다고 합니다. 1970년에는 대웅전이 무너져 다시 지었는데 이때부터 절 이름을 금정사로 바꿔 부르게 되었습니다. 대웅전은 정면 3칸, 측면 2칸의 맞배지붕으로 된 기와집입니다. 대웅전 앞에 아담한 7층 석탑이 있고 서쪽으로 종각, 동쪽으로 요사채[스님들이 생활하는 건물]가 있습니다. 요사채는 조선 후기 양반 사대부 집 건물을 옮겨 세운 것이라고 합니다. 최근에 규모를 더욱 늘리고 종무소를 마련했습니다.

오래전부터 이곳을 찾던 분들의 말을 들어보니 금정사 주변경관이 수려하고 아늑했던 모양입니다. 그런데 지금은 옆으로 큰길이 나고 앞에는 승가대학이 들어와서 아늑함이 조금 떨어집니다. 고층아파트가 들어서서 탁 트인 맛도 앗아갔고요. 그래도 일단 절문 안으로 들어서면 바깥과는 다른 풍경이 펼쳐집니다. 발소리조차 아끼게 되는 편안한 고요가 거기 있습니다. 현재 금정사는 비구니 스님들의 수도처로 널리 알려져 있다고 합니다.

찾아가는 길을 말씀드립니다.

장릉 주차장을 나오면서 우회전하세요. 그럼 바로 오른쪽으로 '장릉공단'이라는 안내판이 서 있는 내리막길입니다. 그 길로 내려가면, 좁은 길이 좌우 둘로 나뉩니다. 아무 길로 가도 되지만 오른쪽 길이 조금 **빠릅니다**. 큰길과 만나면 거기서 다시 우회전하세요. 그러면 잠시 후에 왼쪽으로 승가대학이 보이게 돼요. 승가대학 정문 옆이 금정사 입구와 연결됩니다.

복잡하다고요? 사실 좀 복잡하네요. 장릉 산책로 남쪽 저수지에서 보면 금정사가 바로 저기 코앞이랍니다. 잠깐 걸어갈 거리에요. 그런데 담이 막혀 갈 수 없으니, 아쉽죠. 장릉 남쪽 문이 개방돼서 자동차 움직일 필요없

금정사 대웅전

이 가볍게 금정사에 가게 되면 좋겠어요.

김포의 정신_ 김포향교

원래 향교는 관청 근처, 마을의 중심지쯤에 세웠고 서원은 마을과 조금 떨어진 한적한 곳에 세웠다고 합니다. 그렇다고는 해도 김포향교 주변은 정말 대단합니다. 앞뒤 좌우로 빼곡하게 건물들이 들어서 있습니다. 그나마 뒤쪽이 김포초등학교 운동장이라 덜 답답합니다. 김포경찰서 정문 앞 주차장에 차를 세우고 다시 내려와 오른쪽 작은 길, 그러니까 동쪽 길로 잠시 걸으면 꼭꼭 숨어 있는 김포향교를 찾을 수 있습니다. 초등학교 운동장 끝으로 내려가도 됩니다.

9월 어느 날 초등학교 운동장으로 해서 향교에 갔습니다. 아직도 무더위가 살아 있는 오후, 운동회 연습이 한창이더군요. 흙먼지가 포연처럼 자욱한 운동장에서 하나도 즐겁지 않은 표정의 아이들이 부채춤을 추고 있었습니다. 선생님들은 더 힘겨워 보였습니다. 운동장 구석에 몰려있는 사내아이들의 얼굴은 먼지와 땀으로 얼룩져 있었습니다.

'저 아이들은 누구를 위해 땀을 흘리나?'
'아이들이 진정 운동회의 주인공인가?'
'신명이 죽어버린 운동회가 과연 잔치일까?'

폐타이어를 세워 만든 의자에 앉아 잠시 쉬면서 이런 생각들을 했어요.

'아-참, 내가 이럴 때가 아니지.'

벌떡 일어나 향교로 내려갔습니다.

누가 뭐래도 향교는 향교였습니다. 김포향교는 주눅 들지 않은 당당한 모습으로 저를 맞아주었습니다. 외삼문 밀고 슬며시 들어가니 바로 명륜당이었습니다. 정갈하면서도 기품이 느껴지는 건물입니다. 주위를 돌아보니 텃밭에서 호박이 곱게 늙고 있었습니다.

사진기를 꺼내 셔터를 눌러대고 있는데, 어떤 아저씨께서 저에게 불쑥 물었습니다.

"향교라는 게 뭐하던 뎁니까?"

얼떨결에 "옛날 학교…" 하는데, 어느새 다시 질문입니다.

"공자께 제사하던 곳이 아니고요?"

"맞아요, 학생들을 가르치고 공자를 비롯한 옛 선현들에게 제사도 지내고, 그랬죠."

향교는 교육기능과 제사기능을 함께 행하는 건물배치가 특징입니다. 대성전大聖殿 앞 좌우로 동무東廡와 서무西廡가 서고 명륜당 앞으로 동재東齋와 서재西齋가 섭니다. 대성전은 문묘라고도 하는데 공자와 함께 4성[안자, 증자, 자사자, 맹자] 등을 모시는 곳이고 동무와 서무에는 그 외의 선현들이 모셔집니다. 명륜당은 학문을 닦는 곳으로 교실과 같은 역할을 합니다. 동재와 서재는 일종의 기숙사 같은 곳입니다. 이곳에서 학생들이 먹고 자며 공부했습니다.

명륜당을 살펴본 뒤 내삼문으로 해서 대성전에 갔습니다. 제일 중심부에 공자의 위패가 모셔져 있었습니다.

위패에는 '공자'가 아닌 '대성지성문선왕大成至聖文宣王'이라고 쓰여 있습니다. 중국 당나라 때부터 공자를 문선왕으로 높여 부르게 되었습니다. 공자의 위패 좌우로 우리나라와 중국의 선현 스물네 분을 모셨습니다. 그러니까 총 스물다섯 분이 모셔진 것입니다.

> 김포향교에 모신 25인
>
> 공자 + 4성 + 정호, 주희(송조6현 가운데 2인) + 우리나라 18현(설총, 최치원, 안향, 정몽주, 김굉필, 정여창, 조광조, 이언적, 이황, 김인후, 이이, 성혼, 김장생, 조헌, 김집, 송시열, 송준길, 박세채)

김포향교가 고풍스럽게 느껴지는 건 마당에 우뚝 선 느티나무 덕분입니다. 법정 스님께서 동물은 늙어가면서 추해지지만 식물은 늙어갈수록 늠름해진다고 하셨습니다. 연륜 깊은 느티나무는 정말 늠름하고 당당합니다. 서른 번 강산이 바뀌는 긴 세월 동안 그 자리에서 그렇게 김포향교의 생생한 역사로 존재하고 있습니다.

김포향교는 원래 장릉산 북쪽 산기슭에 있었다고 합니다. 그런데 장릉산에 원종 왕릉인 장릉이 자리하게 되면서 걸포동으로 이전했다가 1771년(영조 47)에 지금의 위치로 옮겨온 것이라고 하네요.

김포향교 대성전

언제 처음 세워진 거냐고요? 1127년(고려 인종 5)이라고 전하는데 확실하지는 않답니다.

조헌의 영원한 집_ 우저서원

우저서원은 임진왜란 당시 의병장으로 활약했던 조헌 선생을 모신 곳입니다. 조헌 선생은 고경명·김천일·곽재우와 함께 '임진사충신壬辰四忠臣'으로 불리는 분이죠. 누구보다 뜨거운 열정으로 애국愛國을 실천했고, 깊은 학문에서 우러난 신념에 따라 한 치 오차도 없이 살았던 어른입니다. '적당히'·'좋은 게 좋은 것'·'무사안일'·'처세술', 이런 것들과 정반대에 서서 나라와 백성을 사랑했던 분입니다.

조선 후기, 김포에 살았던 유명한 실학자가 있습니다. 박제가라는 분입니다. 그가 지은 『북학의』에 이런 말이 나옵니다.

"나는 어릴 때부터 최치원과 조헌의 인격을 존경하여, 비록 세대는 다르지만 그 분들의 뒤를 따르고 싶었다."

박제가도 본받고 싶어했던 인물, 조헌 선생을 찾아갑니다.

김포시청 앞 사우사거리에서 강화 방향으로 직진하면 바로 북변사거리입니다. 세 갈래 길 중 왼쪽 첫번째 도로로 가면 김포향교를 보게 됩니다. 가운데 길은 홈플러스 지나 검단으로 이어지는데 우리가 가는 우저서원이 이 방향입니다. 세번째 오른쪽 길은 연안이씨십삼정려각을 지나 마송, 강화로 가는 큰길입니다.

홈플러스 방향으로 들어서면 오른쪽으로 주유소가 있는데 그 주유소 바로 뒷길로 들어갑니다. 차 한 대 겨우 지날 좁은 길로 들어서면 그냥 집들뿐이에요. 이곳에

우저서원

정말 서원이 있을까 하는 생각이 듭니다. 그러나 그런 생각도 잠시, 별안간 왼쪽으로 확 트인 공간을 만납니다. 깜찍해 보이는 연못이 있고 그 뒤로 우저서원이 모습을 드러냅니다. 서원의 뒷산이 소가 누워 있는 형상이라서 우저서원牛渚書院이라 이름했대요.

1648년(인조 26), 조헌 선생이 살던 집터에 우저서원이 세워집니다. 1675년(숙종 1)에는 사액되었습니다. 건물 중건이 이루어진 때는 1834년(순조 34)입니다. 나라로부터 사액된 서원을 사액서원賜額書院이라고 하는데, 사賜는 임금이 하사한다는 뜻이고 액額은 현판 같은 걸 말하는 것입니다. 서원이름을 쓴 현판을 임금이 내려준다는 것은 나라에서 공인했다는 뜻이 돼요. 사액서원이 되면 나라로부터 토지와 노비도 받을 수 있었습니다.

조금 먼발치에 서서 건물들을 찬찬히 살펴봅니다. 군더더기없이 깔끔함 속에서 음, 뭐랄까, 여백의 미 같은 걸 맛볼 수 있었습니다. 높지 않은 담을 사각으로 두르고 그 가운데 다시 담을 두어 공간을 구분했습니다. 바깥 담에는 외삼문을, 안 담에는 내삼문을 세워 출입의 공간으로 삼았습니다. 문이 셋이라 삼문이라고 하는 겁니다.

외삼문 안에 있는 건물, 그러니까 밖에서 볼 때 첫번째 건물이 교육공간인 강당입니다. '이택당'[麗澤堂, 고구려 할 때의 麗 字인데, 여기서는 '이'로 읽어요.]이라는 이름을 가진 강당은 정면 네 칸, 측면 두 칸의 팔작지붕 건물입니다. 기둥과 기둥 사이를 한 칸이라 합니다. 강당 정면의 기둥이 다섯이니까 네 칸 건물이 되는 것입니다. 가운데는 마루이고 좌우는 온돌형태임을 알 수 있습니다. 강당 뒤뜰에는 키 작은 굴뚝이 두 개 있습니다. 자꾸만 뒤돌아보게 하는, 앙증맞은 모습입니다. 굴뚝모양에까지 정성을 다한 모습이 인상적입니다.

내삼문 안에는 사당이 있습니다. 정면 세 칸에 맞배지붕 건물인 사당 안에는 조헌 선생의 위패와 영정을 모셨습니다. 위패位牌는 신주神主라고 하는데 죽은 분의 이

우저서원 강당

름과 사망날짜를 적은 나무 패를 말하지요. 죽은 이의 혼을 대신하는 것으로 여겨 정중하게 모셔집니다. 영정影幀은 '사람의 얼굴을 그린 족자'이니 그냥 초상화 정도로 알면 됩니다.

커다란 유리액자 안에 모셔진 조헌의 초상은 아주 인자한 모습입니다. 대쪽 같은 강직함이 느껴지기보다는 무슨 투정이라도 다 들어주실 것 같은 할아버지의 모습입니다. 사당 지붕을 인 네 개의 기둥에는 다섯 글자씩 써 내린 나무판이 걸렸습니다. 이를 주련柱聯이라고 합니다. 주련의 내용은 조헌 선생이 함경도 길주에 귀양 갔다가 돌아오는 길에 마천령을 넘으며 지은 글이라고 합니다. 한번 읽어보지요.

    북관군은중北關君恩重
    남주모병심南洲母病深
    마천유귀일摩天有歸日
    감루자영금感淚自盈襟

대략 뜻을 새겨보면 이렇습니다.

북관(함경도) 땅에까지 임금의 은총 두터운데
남쪽에 계신 어머니의 병환 깊어라
마천령 되넘어 돌아오는 날에
감격의 눈물이 옷깃에 가득하다

  내삼문에 들어서자마자 오른쪽으로 비각이 있습니다. 「중봉 조공 유허 추모비重峯趙公遺墟追慕碑」입니다. 1617년(광해군 9)에 세운 것이니까, 서원보다 먼저 제작된 것이네요.

  중봉은 조헌 선생의 호입니다. 유허遺墟란 '오랜 세월 쓸쓸하게 남아 있는 옛터'라는 뜻이니, 조헌 선생이 살던 옛 집터에 비를 세웠다는 말이 되겠죠. 총 높이 168cm인 이 비에는 선생의 벼슬이력, 성장과정, 앞날을 내다보는 통찰력, 임진왜란 당시의 활약상 등이 상세하게 기록되어 있습니다. 비문 마지막에 만력萬曆 45년에 세웠다는 내용이 보입니다. 만력은 명나라 신종(1573~1620)의 연호입니다. 만력 1년이 1573년이니까 만력 45년은 1617년이 됩니다.

사당 뒷담 밖에 서서 서원의 구조를 살펴보다가 저 앞 들판을 보게 되었습니다. 지금은 아파트 건물에 시야가 조금 가립니다만, 예전엔 참 시원했겠습니다. 서원치고 경관 나쁜 곳이 없겠지만, 여기 우저서원 주변도 참 좋습니다. 왼쪽 담밖에 사는 우람한 나무는 풍성한 그늘을 만들어놓고 여름 답사객을 기다립니다. 아무리 더운 날이라도 그 나무 밑에 앉으면 그냥 상쾌할 것 같습니다.

●●● 이 원고를 마치고 몇 개월 뒤, 우저서원이 잘 계신지 찾아가 보았습니다. '어! 뭔가 좀 낯설다.' 아! 그 사이에 새 건물이 들어섰습니다. 강당 앞 좌우로 동재와 서재 건물이 복원된 겁니다. 새 건물임에도 튀지 않고, 원래의 건물과 자연스레 조화를 이루고 있었습니다. 받침돌 하나에까지 신·구의 조화를 위해 애쓴 흔적이 역력했습니다.

여전히 아쉬운 것은 문이 굳게 잠겨 있다는 점, 그래

서 쉽게 들어갈 수 없다는 점입니다. 아이들이 서원 안 마당을 밟아볼 수 있는 배려가 필요합니다. 관리상의 어려움 때문에 개방할 수 없다고 하지만, 방학기간만이라도, 시골 할아버지 두 팔 벌려 손자를 안듯 대문 활짝 열어 놓고 답사객을 맞았으면 좋겠습니다.

## 충절의 상징_ 연안이씨십삼정려각

정려旌閭란 임금이 나라 안의 효자·충신·열녀들을 표창하면서 그 집이나 마을 앞에 세우도록 했던 붉은 문을 말합니다. 그래서 정문旌門이라고도 합니다. 정려가 처음 시행된 것은 신라 때였던 것 같습니다. 성행하게 되는 것은 조선시대 들어서이고요. 조선의 집권층은 성리학적 사회질서를 유지하고 백성에게 도덕규범을 권장하기 위해서 정려정책을 적극적으로 펼칩니다.

임진왜란·정묘호란·병자호란 이후에 정려 받은 이들이 특히 많았습니다. 나라와 지아비에 대한 절의를 지키고자 죽음을 택한 이들이 많았기 때문입니다. 효자정려는 전쟁 중 부모님을 구하려고 적과 싸우다 죽었거나 아버지와 함께 전투를 수행하다가 전사한 자식의 경우가 주로 해당합니다. 정려대상은 거의 양반이었지만 평민·천민들도 적지 않았습니다. 천민이 정려를 받으면 평민신분을 얻게 됩니다.

북변사거리에서 강화 방향 그러니까 48번 도로로 진입하면 나진검문소를 통과하게 됩니다. 연안이씨십삼정려각延安李氏十三旌閭閣은 나진검문소 가기 직전에 좌회전해서 작은 길로 들어가야 합니다. 큰길 왼쪽은 식당가이고 오른쪽은 상가인데 우리가 들어갈 골목은 왼쪽, 자동차 정비소인 '나진자동차'와 '고려부동산' 사이 길입니다.

들어가자마자 오른쪽이 정려각. 입구에 예쁘게 홍살문이 서 있고 홍살문 뒤 울창한 소나무 숲에 정려각이 자리하고 있습니다. 하늘을 찌르듯 당당한 홍살은 푸른 소나무와 어울려 정절의 표상처럼 보였습니다.

이곳은 연안 이씨 집안에서 6대에 걸쳐 배출된 충신 두 분, 효자 일곱 분, 열녀 한 분, 절부 세 분 이렇게 열세 분을 모신 곳입니다. 이분들은 그 공덕으로 정려를 받은, 그러니까 표창을 받은 분들입니다. 물론 열세 분 모두가 연안 이씨인 건 아니지요. 연안 이씨 집안에 시집 온 다른 성씨의 며느리들도 포함된 것입니다. 열녀烈女 김씨와 절부節婦 안씨가 이에 해당합니다.

한집안에서 한 번의 정려를 받기도 쉽지 않은데 무

려 열세 분이 받았다는 것은 대단한 일입니다. 특히 효자가 많은 것이 인상적입니다. 저 자신은 효자의 길과 거리가 멀게 살아왔습니다. 그러면서도 내 새끼만큼은 효자이기를 바라는 얄미운 마음이 제 속에 있네요. 그래서 막연한 부러움이 입니다.

정려각 안에는 효자삼세孝子三世라고 쓴 현판도 있습니다. 담 밖에서도 읽을 수 있을 만큼 큰 글씨입니다. 인조 임금이 이기직·이기설 형제와 여동생 이씨에게 효자지문·효녀지문을 정려하면서 친필로 써서 내린 글이라고 합니다. 이기설(1556~1622)은 효성이 얼마나 지극했던지 그 공으로 벼슬을 하사받기도 했습니다. 십삼정려의 한 분인 전주 이씨[이돈오의 체]는 병자호란 때 강화도 마리산 남쪽까지 피난 갔다가 적병이 다가오자 시어머니·동서와 함께 스스로 목을 찔러 자결했습니다. 나라에서는 절부지문節婦之門을 내려주었습니다.

순결을 지키고자 목숨을 버리는 행위는 장한 일입니다. 그렇지만 좀 안타깝습니다. 순결을 위해 죽어야 함을 가르치고 표창한 이들은 남자들입니다. 그들은 본부인 외에 첩을 둘 수 있었고, 기생이나 노비와 관계하면서도 비난받지 않았습니다. 그러나 여인들은 열일곱에 과부가 돼도 재혼할 수 없었습니다. 평생을 수절하며

연안이씨십삼정려각

시부모 모시기를 강요당했습니다. 만약 과부가 재혼을 하게 되면 그 자식들은 영영 과거시험을 볼 수 없었습니다.

심지어 남정네에게 손목만 잡혀도 순결을 잃은 것으로 간주하였습니다. 병자호란 당시 어느 마을 사람들이 배를 타고 피난을 가게 됩니다. 배가 막 뜨고 있을 때 한 여인이 도착했습니다. 혼자 힘으로 배에 오를 상황이 아니었습니다. 누군가가 손을 뻗어 잡아 올려야 합니다. 한 남자가 손을 내밀었어요. 당연히 그 손을 잡고 배에 올라타야 합니다. 그런데 그 여인, "내가 손을 남에게 주면서 어찌 난을 피할 수 있는가" 하더니 물속에 몸을 던져 자결하고 맙니다. 나라에서는 장한 죽음이라 칭찬하여 정문을 내렸습니다.

절부·열녀를 기리는 전통 속에 남자들의 오만함과 이기심 같은 게 숨어있는 건 아닌지, 생각해 보아야 합니다.

임진왜란 때에 정려된 이는 모두 593명이라고 합니다. 효자가 95명, 충신이 56명, 나머지 442명이 열녀입니다. 열녀가 75%나 됩니다[한국사31, 257쪽]. 이수광은 『지봉유설』에서 국난을 당하여 열녀가 으뜸이고 충신이 제일 적은 것에 대해 사대부들은 반성해야 한다고 말했습니다.

다시 정려각입니다. 웅장한 느낌의 정려각은 높은 담장에 둘러싸여 있습니다. 문은 굳게 잠겼습니다. 그런데 높은 담장에 철조망을 더했습니다. 외부의 침입자를 막기 위한, 정려각을 보호하기 위한 장치입니다. 그런데 제 눈에는 정려각 안에 계신 분들이 탈출하는 걸 막으려고 해놓은 장치처럼 보였습니다. 최소한 제 눈에는 열세 분의 훌륭하신 조상을 후손들이 철조망으로 칭칭 감아 감금한 것으로 보였습니다.

조선의 무장_ 심응사당

김포시내를 벗어나 연안이씨십삼정려각을 지나면 나진검문소입니다. 검문소를 지나면 바로 커다란 사거리입니다. 샘재사거리라고 해요. 여기서 샘재 한옥마을 방향으로 우회전합니다. 일직선 도로를 따라가다 보면 '농협김포하나로클럽'이 있습니다. 여길 지나면 제방도로로 연결돼요. 심응사당은 하나로클럽 가기 직전, 왼쪽 작은 길로 들어갑니다. 음식점인 '담소원' 옆 길인데 여기서 300m 정도 가면 됩니다.

심응 초상

길가에서 사당이 보이지 않지만 커다란 향나무는 보입니다. 사당 바로 앞에 향나무가 있어서 찾기가 어렵지 않습니다. 나무 한 그루가 사당의 이정표 구실을 하고, 또 사당의 분위기마저 한결 부드럽게 만들어줍니다. 심응사당은 자그마합니다. 맞배지붕의 조촐한 건물 안에 심응 선생의 영정과 위패를 모시고 있습니다.

심응(沈膺, 1433~1504, 세종 15~연산군 10)은 조선 전기의 무신입니다. 1460년(세조 6) 무과에 급제하였는데 무예가 출중했습니다. 특히 철전(鐵箭, 쇠로 만든 화살)을 잘 쐈다고 해요. 1467년(세조 13)에 일어난 이시애의 난 진압에 큰 공을 세워 적개공신(敵愾功臣)이 되었습니다. 세조의 중앙집권 강화에 반발한 이시애가 지역감정을 유발하여 함길도에서 반란군을 일으켰지만 약 4개월 만에 심응 등에게 진압당한 것입니다. 심응은 1491년(성종 22)에 두 아들과 함께 여진족을 토벌하는 공을 세우기도 했습니다. 양호襄胡라는 시호를 받았고, 이후에 영의정에 추증追贈되었습니다. 추증은 공이 많은 벼슬아치가 죽은 뒤에 나라에서 그의 관위를 높여주던 일을 말합니다.

### 조선의 무과

조선시대 과거제도에서 무과武科는 초시初試→복시覆試→전시殿試, 이렇게 3단계를 거쳐 합격자 28인을 선발했습니다. 마지막 단계인 전시는 떨어지는 사람없이 등수만 결정하는 최종시험입니다. 무과시험 과목에는 무예실기와 함께 병서·유교경전 등 이론시험이 포함되었어요. 초시는 이론시험없이 실기만 봤는데, 목전木箭·철전鐵箭·편전片箭·기사騎射·기창騎槍·격구擊毬 이렇게 여섯 종목이었답니다. 여섯 종목 가운데 네 종목이 활쏘기입니다.

고구려 주몽이나 조선 태조 이성계처럼 우리 역사 속에는 활 잘 쏘는 인물들이 많았습니다. 공자는 군자가 지녀야 할 여러 가지 덕목 가운데 하나로 활쏘기를 말했습니다. 그래서 활쏘기는 무인들뿐만 아니라 학자들도 심신수련의 하나로 즐겼습니다.

무과에서 활쏘기를 중시했던 것은 우리의 전쟁이 주로 산성을 거점으로 하는 방어전이었기 때문일 겁니다. 그런데 좀 의아한 것은 칼 쓰기 시험이 없었다는 점입니다. 전투의 최후는 적과 맞붙어 검이나 창으로 싸우는 것인데 어찌하여 검법을 소홀히 했을까요. 장수들은 개별적으로 검법을 배웠지만, 과거종목이 아니었기 때문에 아무래도 소홀했을 겁니다.

무과의 종목을 좀더 자세하게 살펴보도록 하지요.

먼저 목전은 말 그대로 나무화살인데 240보 뒤에 있는 표적에 세 발을 쏘게 했습니다. 심응 선생이 잘 쐈다는 철전은 쇠로 된 화살로 80보 뒤에서 표적을 향하여 세 발을 쏩니다. 철전의 무게는 한 냥, 네 냥, 여섯 냥 이렇게 세 가지가 있는데 여섯 냥짜리가 제일 많이 쓰였대요. 그래서 철전을 육양전六兩箭이라고도 불렀습니다. 80보는 100m 이상 되는 거리입니다. 기본적인 체력이 없으면 무거운 쇠살을 100m까지 날리기 어렵겠지요. 편전은 크기가 아주 작은 일종의 비밀병기였어요. 작다 보니 '애기살'이라고들 불렀답니다.[심승구, 37~39쪽]

기사는 말을 타고 달리며 활로 표적을 맞히는 것이고, 기창은 말을 타고 달리며 창으로 허수아비를 찌르는 겁니다. 격구는 말을 달리면서 숟가락 모양의 지팡이로 공을 치는 것입니다. '폴로'와 비슷한 경기였던 것 같아요.

사당 맞은편 언덕 위로 심응의 묘소가 있습니다. 봉분의 지름은 350cm이고 상석과 문인석, 망주석, 장명등을 갖추고 있습니다. 봉분에서 조금 떨어진 위치에 신도비가 서 있는데, 오랜 세월이 흐른지라 마모가 심해서 글을 제대로 읽기 어렵습니다. 심응 선생이 돌아가시고 20년이 흐른 뒤인 1524년(중종 19)에 세운 것이라고 합니다. 이수와 비신과 귀부가 갖춰져 있었는데 지금 귀부는 없어지고 이수와 비신만 남았습니다. 이수에는 서로 여의주를 다투는 두 마리 이무기가 선명하게 양각되어 있습니다.

### 안쓰러워라_ 운양동 고인돌

심응사당 바로 밑은 마당 넓은 집입니다. 그런데 그 집 현관문 좌우로 큼지막한 돌이 있습니다. 돌 일부가 시멘트에 묻혀 있는데 그게 고인돌입니다. 오른쪽에 있는 고인돌은 길이가 260cm에 이를 만큼 규모가 제법 큽니다. 받침돌이 없는 것으로 보아 개석식蓋石式이 아닐까 생각됩니다만, 덮개돌만 옮겨져온 탁자식[북방식]일 가능성도 있습니다.

큰 고인돌을 자세히 보면 몇 군데에 구멍이 있음을 확인할 수 있습니다. 그 구멍은 성혈이라고 부르는 것인데 지름이 5cm에서 10cm 정도 됩니다. 우리나라 고인돌 가운데 덮개돌에 성혈을 남긴 고인돌이 여럿 있습니다. 전라남도 화순의 어떤 고인돌에는 무려 100여 개의 성혈이 있다고 합니다.

그러면 누가 성혈을 만든 것일까요? 고인돌을 만들던 당시사람들일 가능성이 있고, 후대사람들이 파놓은 구멍일 수도 있습니다. 우선 고인돌 제작당시의 사람들이 성혈을 만든 것으로 보고, 왜 만들었을지 생각해 보도록 하지요. 성혈이 알을 닮았다고 해서 난생설화와 관련을 짓는 경우가 있습니다. 또 불씨를 만들면서 생긴 구멍이라고도 하고, 풍요와 다산의 의미, 태양숭배 사상의 표현 등으로 해석하기도 합니다.

그런데 최근에 주목받은 해석이 별자리를 옮겨놓았다는 것입니다. 실제로 북두칠성·작은곰자리·용자리·카시오페이아 등 다양한 별의 모습을 파놓은 고인돌들이 알려져 있습니다. 별을 관측한다는 것은 하늘과 별에 대한 숭배의 표현이며, 절기를 짐작할 수 있는 작업이기도 합니다. 그런데 특별히 고인돌에 별자리를 새긴 이유는? 여러 해석이 가능하지만 고인돌에 묻힌 이의 매장 시기를 의미한다는 견해[박정근, 204쪽]가 타당해 보입니다.

후대의 사람들이 성혈을 만든 것이라면 거기에는 어떤 의미가 있는 것일까?

선사시대 사람들은 자연물 자체를 신앙의 대상으로 섬겼습니다. 커다란 나무도 바위도 모두 그들에게는 종교요 신이었습니다. 이러한 믿음은 부분적이기는 하지만 지금까지 이어지고 있습니다. 옛날사람들은 커다란 고인돌을 칠성바위·거북바위·장군바위 등으로 부르며 섬겼습니다. 고인돌 앞에서 무병장수를 빌었고 또 여러 가지 소원을 빌었습니다. 심지어 고인돌 일부를 떼어 가루로 빻아 마시기도 했습니다. 후대인들이 성혈을 만들었다면 거기에는 생산과 풍요를 비는 간절한 소망이 담겨 있을 것입니다. 실제로 쌀이나 계란을 성혈 속에 넣고 자식을 낳게 해달라고 빌기도 했으니까요[이영문, 111쪽].

그런데….

보호받아야 할 고인돌이 시멘트에 발려 집 일부가 되고 이런저런 물건들의 받침대로 쓰인 걸 보니 좀 착잡합니다. 하지만 그나마 남아 있는 것이 다행이라는 생각도 드네요. 심응사당 주변으로 꽤 많은 고인돌이 있었다

운양동 고인돌

고 하는데 지금은 찾아보기 어렵습니다. 여기 고인돌도 집주인이 맘만 먹었으면 없앨 수 있었을 텐데 그렇게 하지 않은 것이 고맙기조차 합니다. 하긴, 고인돌이 담장이 되고 장독대가 되고 축대가 되던 시절이 있기는 있었습니다. 논 가운데 있는 고인돌 무리를 농사에 방해가 된다고 전부 없애버린 일도 있었습니다. 부끄러운 과거입니다. 이제는, 앞으로는 옛것에 대한 소중함을 새롭게 인식해야 합니다.

●●● 2009년 1월, 다시 찾은 운양동 고인돌 개발의 물결이 이곳까지 이르러, 집이 헐리고 없었습니다. 자유를 되찾은 고인돌의 모습이 거대한 성전의 주춧돌 같았습니다. 앞으로 여기가 운양동 고인돌이 행복해 할 공간으로 거듭나리라 믿습니다.

## 미륵 부처님이 계신 절_ 용화사

용화사龍華寺라는 아담한 절이 있습니다. 야트막한 운양산 뒤편에 자리잡고 있습니다. 나진검문소와 샘재사거리를 통과해서 강화 방향으로 가다보면 오른쪽으로 '한탄강'이라는 메기 매운탕집이 보입니다. 그곳을 지나 첫번째 사거리에서 우회전해 들어갑니다. 제방도로로 오실 경우에는 양촌 방향[초지대교 방향]으로 진입하기 직전, 왼쪽 길로 들어가시면 됩니다. 올림픽 대로에서 제방도로로 진입한 뒤 14km 정도 오시면 됩니다.

용화사 용화전

 이 사찰은 1405년(태종 5)에 창건되었다고 하네요. 정도명이라는 분이 세웠다고 전해집니다. 그는 백성이 세금으로 낸 곡식을 한강으로 해서 서울로 운반하는 일을 했던 모양입니다. 어느 날 곡식 가득 실은 배를 운양산 밑에 대고 물때를 기다리다가 잠이 들었습니다. 꿈에 부처님이 나타나 이르기를 배 밑에 석불石佛이 있으니 잘 건져서 절을 짓고 모시라고 했답니다. 꿈에서 깬 정도명이 배 밑을 확인해 보니 정말로 돌부처가 있는 겁니다. 그래서 모셔다가 절을 짓게 되니 용화사의 시작입니다.
 대웅전 격인 용화전龍華殿에는 하얀색의 약간 낯선 모

습을 한 불상이 모셔져 있습니다. 절에 계신 분께 여쭤보니까 미륵부처님이라고 알려주시더군요. 그 옛날 정도명이 모셨다는 석불도 미륵불이었을 겁니다. 석가모니는 이미 와 계신 현재의 부처님이지만, 미륵은 앞으로 오실 미래의 부처님입니다. 미래는 꿈이고 희망입니다. 백성은 삶이 고달플수록 희망에 대한 간절함을 키워갑니다. 미륵을 기다리는 마음은 절절한 신앙이 됩니다.

미륵을 모셨으면 미륵전彌勒殿이라고 하지 왜 용화전이라고 했을까요? 미륵전을 다른 표현으로 용화전이라고도 합니다. 석가모니 부처님이 보리수菩提樹 아래에서 깨달음을 이뤘듯이 미륵은 용화수龍華樹 아래서 성불했다고 합니다. 그래서 미륵전을 용화전이라고도 하는 것이지요.

용화전 앞에 섰습니다. 저 아래로 한강과 일산지역이 훤히 보입니다. 철새가 떼 지어 나는 모습도 보기 좋습니다.

# 양촌면과 대곶면엔 무엇이 있을까?

독립을 외치다_ 오라니 장터 3·1만세운동 기념비

 장릉부터 용화사까지 여러분을 안내했는데요, 대략적인 순서가 있었답니다. 김포시내에서 점점 강화도 쪽으로 가는 것이었지요. 그러니까 여러분은 저와 함께 동쪽에서 서쪽으로 가는 셈입니다. 음, 이제는 김포시내를 벗어나서 양촌면과 대곶면 지역을 살펴보실 겁니다. 대곶면 끝은 바다예요. 유명한 대명항[대명포구]이 있고, 그 옆으로는 초지대교가 열렸습니다. 초지대교를 건너면 바로 강화도 초지진입니다.
 서울-김포-강화로 이어지는 주도로가 48번 도로입니다. 이 도로를 타고 나진검문소를 통과해서 오른쪽으로 서 있는 '고려병원'·'한탄강'·'황제웨딩프라자'를 차례대로 지나세요. 앞에 고가도로가 보이죠? 여기서 우회전하여 한 바퀴 빙 돌면 양촌면으로 가게 됩니다. 아차! 지나치셨다면 바로 다음, 누산삼거리에서 좌회전하세요. 똑같은 길입니다.

제방도로를 이용할 경우에는 그냥 편안하게 오시다가 저 앞에, 쇠로 높다랗게 세운 송전탑이 보일 때 좌회전 준비를 하시면 됩니다. 좌회전 안하고 그대로 직진하면? 하성면으로 가게 됩니다.

자, 누산삼거리에서 멋지게 좌회전한 걸로 하겠습니다. 왼쪽으로 '김포금쌀 가공센터'가 보이죠? 금방 곡촌삼거리입니다. 우리는 그냥 오른쪽 큰길로 갈 겁니다. 여기서 왼쪽 길로 가면 양촌시내 길로 들어가서 검단이나 대곶지역으로 가게 됩니다만, 혼잡하기 때문에 우회도로인 오른쪽 길로 간다는 말씀입니다.

오른쪽 큰길로 내려가면서 보면 우측에 「오라니 장터 3·1 만세운동 기념비」라고 쓴 안내판이 보입니다. 누산삼거리에서 여기까지 2km밖에 안돼요. 3·1운동 때 이곳 양촌면의 오라니 장터[지금의 양곡시장, 오라리 장터라고도 합니다.]에서 대규모의 만세운동이 있었습니다. 이를 기념하려고 아담한 공원을 조성하고 비를 세웠습니다.

중앙에 양촌·대곶면민 만세운동 유적비가 있고 왼쪽으로 독립선언서, 오른쪽으로 대한독립군 위령탑이 서

대한독립군위령탑

있습니다. 대한독립군 위령탑은 양촌면 출신 항일독립운동가와 대한독립군 출신 인물들의 영혼을 기리기 위해 세운 것입니다. 세 가지 모양 태극기를 함께 새겨 시기별 변천과정을 알 수 있게 했습니다.

만세운동의 현장인 양곡시장은 이곳 기념비 앞, 양곡고등학교 건너편에 있습니다. 지금도 변함없이 5일마다 장이 섭니다. 3·1운동에 관한 얘기는 이 책 2부에서 다시 하도록 하고요, 여기서는 그냥 다음 장소로 이동하겠습니다.

3·1만세운동 기념비 지나자마자 왼쪽으로 양곡고등학교 입구입니다. 교문이 무지개처럼 생겼습니다. 양곡고등학교 앞 사거리에서 좌회전해도 됩니다만 좀 혼잡합니다. 그대로 직진해서 가도 다시 만납니다. 어딜 가느냐고요? 대포서원이요.

양곡고등학교 교문

서원의 부활을 소망함_ 대포서원

몇 번을 와봐도 대포서원은 보수공사 중이었습니다. 그 더위 모두 물러가고 가을 나무 잎을 떨어낼 때도 마찬가지였습니다. 칼바람에 손 호호 불며 다시 찾은 대포서원, 드디어 반듯한 제 모습을 찾았습니다. '大浦書院대포서원'이라고 쓴 현판이 걸린 외삼문을 밀고 들어가니

대포서원 동재

단청 향내 채 안가신 동재東齋와 서재西齋가 좌우로 섰습니다. 단순하면서도 장중한 아름다움을 느끼게 하는 건축물입니다. 그 안에 들어가 앉으면 책이 그냥 술술 읽힐 것 같은 분위기입니다. 원래 동재와 서재는 서원의 유생들이 먹고 자며 공부하던 곳입니다.

외삼문과 같은 형태의 솟을대문인 내삼문에는 화국묘華國廟라고 쓰여 있습니다. 그 안 건물은 양성지 선생을 모신 사당인데 단아하고 깔끔합니다. 그렇습니다. 대포서원은 조선시대의 대학자 양성지(梁誠之, 1415~1482, 태종 15~성종 13) 선생을 모신 서원입니다. 선생의 생애에 대해서는 2부에서 말씀드리도록 할게요.

서원 뒤쪽 언덕 위에 양성지 선생의 묘가 있습니다. 선생의 묘 앞에 서서 보면 아래로 펼쳐진 자연이 그대로 그림입니다. 서원이 보이고 마을이 보이고 넓은 논과 산이 보입니다. 그리고 그 마지막에 하늘이 있습니다.

서원 입구에는 선생의 신도비가 서 있습니다. 지금은 비각을 세워서 신도비를 보호하고 있지요. 조선시대 초기에 세워진 이 신도비의 높이는 268cm입니다. 오래된 비라서 비신의 상태가 좋지 않지만 이수 조각의 아름다움은 여전합니다.

대포서원 근처에 공장이 많습니다. 서원 바로 옆으로는 목재소가 있습니다. 일터의 소중함을 모르는 바 아니지만 소중한 문화재들이 공장건물에 포위당하는 모습을 볼 때마다 측은하다는 생각이 듭니다.

대포서원의 역사는 그리 길지 않습니다. '얼마나 오래 되었는가?'만을 기준으로 따진다면 그 가치가 높지 않습니다. 그러나 문화계승이라는 측면에서 본다면 아주 의미있는 존재입니다. 서원의 원래 기능이 교육과 제사였음을 다시 생각해 봅니다. 만약 이곳에서 아이들에 대한 인성교육이나 한자교육 같은 걸 실시해 본다면 어떨까 하는 생각을 했습니다. 아이들 글 읽는 소리가 창호지 문살을 타고 퍼져 나가는 서원! 살아 숨 쉬는 서원의 모습이 아닐는지요.

대포서원은 이렇게 찾아갑니다. 양곡에서 검단 방향으로 출발합니다. 높은 고개를 하나 넘으면 왼쪽으로 해병대 제2사단입니다. 군부대 맞은편으로 우회전합니다. 인천에서 오시는 분들은 군부대 앞에서 그대로 좌회전 하시면 되겠죠. 그렇게 들어서자마자 바로 우회전입니다. 조금 가면 길이 둘로 나뉘는데 여기서 좌회전입니다. 작은 이정표가 보이시죠? 길이 또 나뉘는데 왼쪽 길입니다. 이제 다 왔습니다. 오른쪽으로 비각이 보일 겁니다. 양성지 선생의 신도비각입니다. 신도비각 지나면서 바로 오른쪽에 대포서원이 있습니다.


양성지 사당_ 수안사


양성지 선생을 모신 문화유적이 대포서원 외에 하나 더 있습니다. 수안사守安祠라는 이름의 독립된 사당입니다. 대포서원을 지나자마자 오른쪽으로 작은 길이 있는데, 그 길로 들어가면 산기슭에 사각 담장 넓게 두른 수안사가 있습니다. 지은 지 얼마 되지 않습니다만 정성을 다한 흔적이 역력합니다. 앞으로 100년, 200년 잘 보존되면 우리 후손들이 귀중한 문화재로 손꼽을 건축물입니다.

안으로 들어가 보았습니다. 직사각형 형태의 사당은 주심포 양식에 배흘림기둥이 네 개 서 있는, 정면 세 칸의 규모입니다. 날렵한 지붕 곡선은 한복의 부드러운 곡선미를 연상하게 합니다. 현판글씨가 꽤 길어 보이기에 자세히 봤더니 '문양공부조묘文襄公不祧廟'였습니다. '문양'은 양성지 선생에게 내려진 시호이니까 문양공은 양성지 선생을 가리키는 말입니다. 부조묘라는 말은 조금 어렵군요.

조선시대 양반가에서는 사당을 세워 자신들의 조상을 모셨습니다. 모셔지는 조상은 4대까지입니다. 아버지·할아버지·증조부·고조부까지 하면 4대가 되죠. 4대가 넘게 되는, 그러니까 5대조부터는 그 신주를 사당에 모시지 않고 땅에 묻습니다. 그런데 4대가 넘는 조상이라도 나라에 큰 공훈이 있어 임금이 허락한 경우에는 별도의 사당을 짓고 계속 모실 수 있었습니다. 이를, '다른 곳으로 옮겨지지 않는 신위'이기에 불천지위不遷之位라고 했습니다. 불천지위를 모시는 사당이 곧 부조묘입니다. 그러니까 부조묘에 모셔진 인물은 생시에 두드러진

문양공부조묘

업적을 이뤄서 그 결과 영원한 우러름의 대상이 되는 것입니다.

   수안사를 보고 나와 주변마을을 살피다가 저 옆으로 오래된 건물이 한 채 있는 걸 발견했습니다. 얼른 뛰어가서 봤더니 사당 같았습니다. 창호지는 삭아서 구멍이 숭숭 나고, 녹슨 문고리도 온전하지 않았습니다. 건물에 비해 담장은 깨끗한 편인데 높이가 낮아서 편안해 보였습니다. 살며시 문 열어 방 안을 들여다보니 신주를 모셨던 흔적이 남아 있더군요. 양성지 선생의 사당이었던 것 같은데 주변에 물어볼 사람이 없었습니다.

예전의 양성지 사당

　비가 새서 그랬는지 지붕 밑 외벽을 슬레이트로 막았고, 붕괴할까 염려해서 그랬는지 벽 밑을 붉은 벽돌로 보수했습니다. 삐걱대는 삼문을 밀고 나오다가 다시 들어갔습니다. 뭔가 세워진 게 현판 같았기 때문입니다. 문양묘! 현판이 맞았습니다. 문양묘文襄廟라고 쓰여 있는 걸 보니 여기가 원래의 사당이었습니다. 너무 낡아 더는 유지가 어려워지자 후손들이 새 사당 수안사를 지었던 것입니다.

　집에 와서 책을 찾아보니 양성지 선생이 사망한 직후 사당을 지었는데 임진왜란 때 불타버려 이후 다시 짓고 문양묘라 했다고 나오더군요.

진달래 바다_ 가현산

 개학을 며칠 앞둔 겨울날, 코끼리 머리를 닮았다는 가현산(215.3m)에 갔습니다. 이 산의 옛 이름은 상두산象頭山, 고려시대쯤에 이렇게 불렸답니다. 이후 칡이 무성하다는 연유로 칡갈[葛]자를 써 갈현산葛峴山으로 불리다가 지금 가현산歌絃山이 되었습니다. 거문고 소리에 노래 어우러지는, 흥이 샘솟을 만큼 아름다운 산이라는 의미겠지요.

 잔설이 남아 미끄러웠지만 아들 녀석이 주워다준 나무지팡이 덕에 넘어지지 않고 올랐습니다. 산 중턱까지 군사용 도로가 있어서 실제로 걸어서 간 거리는 잠깐이었습니다. 삼형제바위 약수터에서 물 한 모금 맛보고 이내 걸으니 바로 정상이더군요.

 산 정상은 학교운동장처럼 넓었습니다. 그 넓은 공간에 진달래, 진달래, 진달래, 온통 진달래 나무였습니다. 봄이 되면 가현산은 연분홍빛 바다가 될 것입니다. 생각만 해도 가슴 벅찬 아름다움입니다. 등잔 밑이 어둡다는 말은 맞는 것 같습니다. 직장에서 엎어지면 코 닿을 데 있는 이곳을 십년이 넘어서야 와보다니 말입니다.

봄이 아니어도 좋았습니다. 가현산 수애단歌絃山守愛壇 뒤로 열린 숲길을 걸으며 나도 모르게, "아하-!" 탄성을 흘렸으니까요. 송松! 그렇습니다. 소나무가 너무 정겨웠기 때문이었어요. 그냥 다 키 작은 소나무입니다. 하늘 향해 곧게 뻗은 나무들만 보다가 이리 휘고 저리 꺾인 우리 소나무를 보니까 어찌나 반갑던지요. 진달래는 봄을 기다려 자신의 모든 걸 보여주지만, 사계절 푸른 솔은 봄 여름 가을 겨울이 한결같습니다.

솔 숲길 걸어서 내려가다 보니 묘각사라는 사찰에 이르더군요. 현대식 건물로 지은 대웅전과 삼성각이 있는 절이었습니다. 묘각사 돌아 나오는 길에 문수산을 생각했습니다. 문수산이 남성적인 산이라면 가현산은 여성적인 산 같습니다. 어머니가 자식을 업어주려고 쪼그리고 앉아 등을 여시듯, 가현산은 걸음마 아장거리는 아기부터 다리 아픈 노인들까지 편하게 오를 수 있도록 몸을 낮추고 있습니다.

여기 정상에서 저 아래 풍경을 내려다보는 맛도 각별합니다. 우리는 오늘 이곳에서 낙조를 보았습니다. 낙조를 보려고 작정하고 간 것은 아니었습니다. 해 스스로 참고 참으며 하늘 끝에 걸려 있다가 우리 가족을 보고 나서야 뚝 떨어져버리더군요. 옛 책에 의하면 가현산에

가현산 정자

망해암望海菴·가경사佳景寺 등의 사찰이 있었답니다. 바다를 바라보는 암자! 경치가 아름다운 절! 이름만 되새겨 봐도 그리움이 밀려옵니다. 어디쯤 있었을까?

아이와 함께 가시게 되면 옛날이야기 하나 해주세요. 저 앞바다를 내려다보며 해도 좋고 솔밭 그늘에 앉아서도 좋습니다. 은혜 갚은 호랑이 얘기. 아! 은혜 갚은 호랑이가 아니네요. 효성스런 호랑이 이야기입니다. '은혜 갚은 호랑이'는 나무꾼이 호랑이 목에 걸린 가시를 빼 준 것에 대한 은혜를 갚는 내용이었죠.

효성스런 호랑이 이야기는 이곳 김포의 전설 '가현산 호랑이'를 말하는 것이랍니다. 이미 널리 알려진 것인데,

이곳 김포에서 처음 생겨 전국으로 퍼진 것인지 아니면 다른 곳에서 흘러들어와 김포의 전설이 된 것인지 정확히 모르겠습니다. 내용은 대부분 아실 것 같아서 자세히 말씀드리지 않고 뼈대만 추려보겠습니다. 살은 여러분이 붙이세요.

옛날 가현산 아랫마을에 나무꾼이 살고 있었다. 나무꾼이 가현산에서 나무를 하다가 호랑이를 만났다. 호랑이에게 잡혀먹히기 직전, 나무꾼은 꾀를 내어 호랑이에게 "형님!"이라고 한다. 어리둥절해진 호랑이가 묻는다. "내가 왜 네 형이냐?" 나무꾼은 우는 척하며 대답하길, 어릴 적에 형님을 잃었는데 얼마 전 어머니 꿈에 형님이 나타났다고 한다. 꿈속의 형님이 "어머니! 제가 가현산 호랑이로 다시 태어났습니다." 이렇게 말했다고 한다.
호랑이는 자신이 나무꾼의 형이라고 믿게 된다. 그래서 나무꾼을 살려 보낸다. 호랑이는 어머니를 뵙고 싶었지만 짐승의 몸으로 차마 그럴 수가 없었다. 그래서 달마다 나무꾼 집에 돼지를 물어다 주었다. 어머니에게 고기를 드시게 하려는 효성이었다. 세월이 흘러 나무꾼의 어머니가 돌아가셨다. 그때부터 호랑이는 돼지를 물어다 주지 않았다. 어느 날 나무꾼이 가현산에서 새끼호랑이 두 마리를 만났다. 그런데 두 녀석 다 꼬리에 상중임을 알리는 삼베 조각을 달고 있었다. 나무꾼이 새끼호랑이들에게 영문을 물었다. 새끼들의 말, 아빠 호랑이는 할머니가 돌아가신 걸 알고부터 아무것도 드시지 않았다. 그냥 "어머니! 불효자를 용서해 주세요"라는 말만 계속하며 우시다가 탈진해서 돌아가셨다.

… 음 …, 끝.

가현산은 양곡에서 대포서원 가는 길 중간쯤에 있습니다. 양곡에서 검단 방향으로 조금 가서 고개 하나 넘으면 삼거리입니다. 이정표에 '구래리 입구'라고 쓰여 있죠. 여기서 좌회전해 들어갑니다. 잠시 후 다시 삼거리, 여기서 왼쪽 길로 들어가서 바로 우회전해서 올라갑니다. 운전 주의해야 합니다. 길이 너무 좁아요. 승용차 한 대밖에 못 가는 길이라 맞은편에서 차가 오면 비키기도 어렵습니다. 그냥 큰길가 낚시터 주변에 차 세우고 산책하듯 걷는 편이 낫습니다.

### 산성과 봉수의 만남_ 수안산성

양곡고등학교에서 강화초지대교 방향으로 4km 정도

가면 대곶 신사거리입니다. 오른쪽으로 대곶중학교가 보입니다. 여기서 좌회전, 그러니까 이정표에 있는 상마리 방향으로 들어갑니다. 그 길로 들어서면 왼쪽으로 자그마한 산이 보입니다. 수안산이에요. 수안산성守安山城 입구임을 알려주는 안내판 따라 길을 가면 수안산 입구에 닿습니다.

산 위까지 넓게 길이 열려 있어서 차가 올라갈 수도 있지만, 그러면 맛이 없지요. 그냥 걷는 게 좋습니다. 울창한 소나무 숲을 지나 약수터에서 목을 축이고 조금 더 걷지요. 야트막한 산인데도 숨이 좀 찹니다. 가면서 보면 곳곳에 군인아저씨들이 설치해 놓은 참호들이 보입니다. 이런저런 군사시설이 정상까지 이어집니다. 그 옛날 한강하구를 지키던 요충지로 산성이 있던 여기 수안산. 지금도 역시 군사적으로 중요한 위치인 모양입니다.

삼국시대, 혹은 그 이전 시기에 이곳에 산성이 있었습니다. 돌로 쌓아 견고한 성이었으나 오랜 세월 지나 지금은 흔적을 찾기가 쉽지 않습니다. 남아 있는 성벽과 출토된 토기조각 등을 통해 백제 시대에 세워진 것이 아닐까 추정하기도 합니다. 산성이 제 모습을 유지할 당시의 둘레는 약 800m, 높이는 2~3m 정도였다고 해요. 산성 남쪽으로는 대릉리 토성이 이어져 있는데 지금 그 일

수안산 신령단

부를 확인할 수 있다고 합니다.

조선시대엔 이곳에 봉수대가 설치되었어요. 146.8m의 높지도 않은 산에 봉수대를 설치했었다고? 좀 의심이 들었지만 정상에 서고 보니 이 산에 봉수를 세운 선조의 지혜를 새삼 느끼게 되데요. 온 세상이 탁 트여 보였습니다. 서쪽으로 바다, 그 건너 강화도 땅, 그리고 일산, 서울, 인천 두루두루 한눈에 들었습니다. 봉수는 높은 산에만 설치되는 것이 아니었습니다. 앞뒤 봉수와 눈으로 연결할 수 있는 위치가 중요했던 것입니다. 수안성 봉수는 수안산성 봉수, 약산藥山 봉수로도 불렸습니다.

눈을 낮춰 주변을 보니, 무덤, 무덤, 무덤… 공동묘지였습니다. 산 정상에 공동묘지? 산신령단 뒷면에 새겨진 글을 읽고 궁금증을 풀 수 있었습니다. 수안산은 예로부터 산신제를 올리던 신성한 장소였답니다. 산신제는 산

신령께 음식 올리며 소원을 비는 의식입니다만 그게 끝이 아닙니다. 마을주민들을 하나로 묶어주는 구심점이었으며 민족혼을 확인하는 의식이기도 했습니다.

일제강점기[흔히 '일제시대'라는 말을 씁니다만, 이 책에서는 '일제강점기'라는 표현을 따르겠습니다.]에 일본사람들이 수안산 산신제를 못하게 금했습니다. 그러면서 산 정상에 공동묘지를 조성하는 방법으로 수안산의 신성성에 먹칠을 했던 것입니다. 전국 명산에 쇠말뚝을 박아 우리 민족의 정기를 끊고자 했던 일본인들의 집요함을 여기 수안산에서 또 다른 모습으로 확인해야 했습니다.

## 또 다른 학교_ 대성원

대성원에 처음 가봤을 때의 느낌은 '갸우뚱'이었습니다. 심성택沈星澤이라는 분이 세운 대성원은 '유생들이 모여 시화詩話와 학문을 강론하던 정자'로 알려져 있습니다. '정자'라 하기에 벽이 없이 지붕과 기둥만 있는 그런 모습의 건물인 줄 알았습니다. 그런데 가보니 정자가 아니었습니다. 건물 안에 선현의 위패를 모신 일종의 사당이었습니다. 선비들이 모여서 시를 읊고 공부했다고 하기엔 어색한 건축물입니다. 그래서 '갸우뚱' 했던 것입니다.

정신없이 살던 어느 날, 바람도 쐴 겸해서 다시 대성원에 갔습니다. 몇 개월 새에 새로운 건물 한 채가 번듯하게 서 있었습니다. 명륜당이었습니다. '어라, 명륜당? 그럼 향교란 말인가?'

자! 이제, 경관이 수려한 대성원으로 갑니다. 꽤 유명한 곳임에도 안내표지판이 없어서 찾기가 어려워요. 그러니까 잘 따라오셔야 합니다. 대곶 신사거리에서 좌회전해서 수안산성 입구를 지나면 바로 이정표가 보입니다. '대벽리·약암리' 방향으로 직진합니다. 길이 끝나 보일 즈음 오른쪽으로 마을이 보입니다. '제일산업' 아랫길로 해서 마을로 들어간 뒤 다시 좌회전합니다. 우측으로 청심재(淸心齋, 청송 심씨 재실)라는 독특한 건물이 보이면 맞게 들어온 것입니다.

여기서 조금 더 가면 길옆에 팔각으로 다듬어 세운 조그만 돌비가 있습니다. 그 기둥에는 '약산동천藥山洞天' 이렇게 새겨져 있습니다. '동천'이란 산과 물이 조화를 이루는 아주 멋진 경치를 말합니다. 일종의 무릉도원과 같은 상징성을 갖는 단어죠. 이 돌비를 세운 이들은 대성원 주변의 빼어난 풍광에 대한 자부심을 동천이라는 단어로 표현한 것 같습니다. 아닌 게 아니라 마을에서 대성원 쪽으로 들어서는 순간 속세를 벗어나는 것 같은 묘한 느낌이 듭니다.

대성원은 입구부터 색다른 모습이더군요. 작은 우물이 있고, 그 주변으로 하마비를 비롯한 여러 비가 옹기종기 서 있습니다. 하마비下馬碑는 향교의 입구 같은 곳에 세우는 것인데 말에서 내리라는 뜻입니다. 그런데 여기는 더 말을 탈 수도 없습니다. 당연히 내려야 하는 계단 앞입니다. 아마도 조금 떨어진 위치에 있던 것을 이곳으로 옮긴 것이 아닐까 싶습니다. 원래부터 이 자리에 있던 것이라면, 마음가짐을 단정히 하라는 의미였겠죠.

대성원 앞에 두 개의 돌기둥이 있습니다. 오른쪽 기둥에는 '대성지성공부자묘大成至聖孔夫子廟'라고 쓰여 있죠. 묘

대성원 입구

대성원 본전

자가 '墓'이면 무덤이란 뜻이지만, '廟'를 쓰면 사당이라는 뜻이 됩니다. 그러니까 여기는 공자를 모신 사당이라는 의미가 되지요. 왼쪽 기둥에는 '탄강이천사백칠십팔년 정묘誕降二千四百七十八年 丁卯'라고 되어 있습니다. 탄강誕降이라는 말은 성인聖人이 태어남을 의미합니다. 그러니까 공자가 태어나신 지 2478년 되는 해에 세웠다는 뜻이 되지요. 공자는 기원전 552년에 태어나 기원전 479년까지 생존했으니까 탄강 2478년을 서기로 계산하면 대략 1920년 대입니다.

입구에서 돌계단을 하나 둘 오르면 '大聖院'이라는 현판이 걸린 본전 건물을 보게 됩니다. 길가에서 가까운 곳에 있으면서도 쉽게 그 모습을 드러내지 않습니다. 건물 양옆으로 커다란 향나무가 한 그루씩 서서 운치를 더합니다. 옆에 새로 들어선 명륜당과도 자연스럽게 조화를 이룹니다.

자, 이제 대성원에 대한 진실을 알아보지요. 그냥 정자로 알려지다 보니 배부른 양반들이 풍류나 즐기자고 지었겠구나, 여기기 쉽습니다. 대성원을 세운 심성택이라는 분이 들으면 서운해 하실 겁니다.

우선, 세워진 시기.

조선 후기 또는 조선 말기로 말해지고 있는데 『통진향교지』에 의하면 1927년입니다. 일제강점기에 지은 것이죠. 입구 돌기둥에 새겨진 '탄강2478년'이 건립연도입니다.

대성원을 세운 이유.

심성택 선생은 머리로만 학문을 하지 않았습니다. 공부한 대로 행하고, 몸가짐도 예에 어긋나지 않는 그야말로 선비였습니다. 그는 세상의 풍속이 병들고 상하는 것을 우려했습니다. 돈을 탐하고 욕심만 키우는 세태를 개탄했습니다. 정의와 양심을 내팽개친 기회주의자들을 보며 슬퍼했습니다.

그는 공맹孔孟의 가르침을 바탕으로 민족의 도道를 바

로 세워야 한다고 믿었습니다. 그래서 자신의 재산을 털어 대성원을 지었습니다. 건물은 본전本殿·명륜당明倫堂·백인당百忍堂·연당蓮堂·육모정六帽亭이 있었습니다. 본전은 공자 등 선현을 모신 사당으로 향교의 대성전과 같은 역할을 하던 곳입니다. 명륜당은 지역민들에게 한학漢學을 가르치던 곳입니다. 매년 수십 명씩 지역인재들을 배출했다고 합니다. 향교와 비슷하지요? 그러나 향교는 나라에서 운영하는 국립학교이고 대성원은 심성택 개인이 세운 것이니 향교라고 할 수는 없습니다.

백인당에서는 선비들이 모여 시를 짓고 풍류를 논했다고 합니다. 육모정은 그 이름으로 보아 정자임을 알 수 있습니다. 정자가 있던 것은 맞네요. 이렇게 건물이 많았었는데, 지금은 대성원 본전과 얼마 전에 복원된 명륜당뿐입니다. 다른 건물들은 왜 사라진 걸까요? 답은 6·25 전쟁입니다. 전쟁은 이 시골마을조차 그대로 놔두지 않았습니다.

아름다운 전적지_ 덕포진

덕포진德浦鎭은 국방유적지입니다. 강화도에 있는 초

덕포진 전시관

지진이나 광성보 같은 기능을 수행하던 곳이지요. 강화도와 김포 사이 바다로 침입하는 외적을 물리치려고 건설한 것입니다. 바닷가를 따라 포대들이 정비되어 있고 그 마지막 즈음에는 파수청 터와 손돌묘가 있습니다. 바닷바람, 맑은 공기, 상쾌한 숲길. 그래서 산책코스로도 훌륭한 곳입니다. 입구에 교육박물관이 있고, 주차장 안쪽으로는 '덕포진 전시관'이 있어서 아이들의 볼거리, 배울 거리가 많은 곳이기도 합니다.

어디에 있냐고요? 예, 그것부터 말씀드리죠.

대곶사거리에서 강화초지대교 방향으로 직진합니다. 초지대교에 거의 갔을 즈음에 오른쪽으로 덕포진 이정표가 보입니다. 덕포진 가는 길은 외할머니 댁 가는 길 같습니다. 조금 더 길었으면 하는 아쉬움이 생기는 정겨운 산길입니다.

덕포진은 주변경관이 빼어나고 역사적 의미도 매우 큰 유적지입니다. 좀더 다듬어 많이 알리면 수도권의 명소로 거듭날 만한 곳입니다. 그런 의미에서 전시관이 더 커졌으면 좋겠습니다. 최근에 리모델링을 마치면서 산뜻하고 세련된 공간으로 다시 태어났지만, 협소함은 어쩔 수 없습니다. '박물관'을 지향할 필요는 없다 해도 김포시의 '역사 문화 교육관' 같은 형태로 건립될 수 있을 것입니다.

덕포진이 처음 세워진 때는 조선 선조 임금 때였던 것 같습니다. 한때 강화에 속했다가 통진으로 소속이 옮겨지게 됩니다. 1871년 신미양요 당시에는 군사상으로 강화에 속해 있었고, 행정상으로는 통진에 소속됐습니다. 첨사 1명이 수군 316명과 함께 근무했다고 합니다.
[김포시·한양대학교 박물관, 263쪽]

그럼 이제 덕포진 구경을 시작해 보죠.

주차장 왼편 끝에 있는 전시관 옆길로 올라갑니다.

체력단련 시설을 지나면 기차 닮은 포대가 나타납니다. 포를 쏠 수 있도록 돌을 쌓아서 반듯한 공간을 만든 포좌砲座들이 연이어 있습니다. 초가지붕이 얹힌 포좌가 있고 기와를 얹은 포좌도 있습니다. 토성 따라 걸으면서 여러 모습의 포좌를 살펴보고, 또 앞에 펼쳐진 바다를 감상하는 재미가 쏠쏠합니다. 만약에 대명항쯤에서 문수산성 앞까지 왕래하는 유람선이 있다면 어떨까 하는 생각을 합니다. 바다 가운데 떠서 덕포진도 보고 강화도의 초진진·덕진진·광성보 등을 볼 수 있다면 독특한 국방유적 체험이 될 것입니다.

중간 중간 군부대 초소가 보입니다. 넓은 지역을 조망하기 적절한 위치에 초소가 섰습니다. 조선의 병사들이 여기서 바다를 지켰듯, 대한민국의 병사들도 초소에서 바다를 지킵니다. 다람쥐 한 마리 들어올 수 없을 만큼 촘촘하게 둘러친 철책이 끝없이 이어집니다. 분단의 상징처럼 되어버린 철책선! 아무리 '평화'를 말한다 해도 휴전선과 맞닿은 곳에는 여전히 철책이 필요할 겁니다. 그러나 여기 이 자리까지 설치돼야 하는지는 의문이에요. 최소한 덕포진 해안가만큼은 철책을 걷어내고 원래의 모습을 되찾게 되기를 기대합니다.

'참 좋다!', '좋아' 혼자 되뇌며 느리게 걸었습니다. 손

초가 포좌

가락을 빗 삼아 머리를 쓸어 올리다가 이내 그만두어 버렸습니다. 잔잔한 바닷바람에 머리를 맡기고 그냥 걸었습니다. 걷다보니 어느새 파수청 터예요. 멀리서 보면 길쭉하게 생긴 정자 같지요. 파수청은 포병을 지휘하던 장소인데 포를 쏠 때 필요한 불씨를 보관하기도 했답니다. 지금 파수청 터 바닥에는 불씨를 관리하던 흔적이 뚜렷하게 남아 있습니다.

파수청이 정신없이 바빴을 때는 병인양요와 신미양요 때였습니다. 병인양요(1866, 고종 3) 당시 강화도 정족산성전투에서 패하고 후퇴하던 프랑스 함대를 포격해서 타격을 가한 적이 있고, 신미양요(1871, 고종 8) 때는 미군의 강화도 상륙을 저지하고자 맹렬한 공격을 퍼붓기도 했습니다. 파수청 옆에 있는 손돌묘까지 갔다가 다시 돌아 나왔습니다.

### 바가지 하나 남기고… _ 손돌묘

손돌의 묘는 덕포진을 통해 갑니다. 덕포진 파수청 옆입니다. 굳이 덕포진 포대를 들르지 않으려면 주차장 오른쪽 끝으로 가세요. 차는 들어갈 수 없게 막았으니 그냥 걸어서 흙길을 따라가면 머지않아 손돌묘입니다.

손돌은 귀족이 아닙니다. 양반도 아닙니다. 그냥 보통 백성으로 직업은 뱃사공이었습니다. 그가 죽은 지 수백 년이 됩니다만, 아직도 이 지역 많은 분이 모여 제사를 올립니다. 손돌이 죽음에 이르는 과정이 전설로 전해지고 있습니다.

옛날 어느 때인가, 나라에 난리가 일어났습니다. 임금은 서울을 버리고 강화도로 피난을 가게 됩니다. 워낙 급한 상황이라 임금과 신하들은 별 준비도 없이 강화도로 향했습니다. 김포에서 강화도로 건너갈 뱃사공을 구했습니다.

물길을 잘 알고 충성심이 강한 손돌이 임금 배를 저어 갈 사공으로 뽑혔습니다.

손돌은 임금일행을 태우고 노를 저어 바다를 건너기 시작합니다. 여기 김포와 강화도 사이 바다는 물살이 세기로 유명한 곳입니다. 숙련된 사공도 배와 함께 물속으로 빨려들기 일쑤인 곳이죠. 신경을 곤두세우고 배를 저어가는 손돌에게 어떤 신하가 명했습니다.

"저쪽 잔잔한 곳으로 가라."

임금이 보니, 손돌이 물결 잔잔해 보이는 곳을 마다한 채 험한 곳으로만 노를 저어가는 겁니다. 배가 심하게 흔들리자 불안해진 임금이 신하를 통해 명령했던 겁니다.

"예."

대답만 그렇게 한 손돌이 계속 험한 곳으로 배를 몰아갑니다. 임금은 문득 의심이 일었습니다.

'저놈이 나를 죽이려 하는구나.'

다시 명해도 말을 듣지 않자 결국, 임금은 손돌을 처형하라고 명합니다. 손돌은 죽임을 당하기 직전 마지막 말을 남깁니다.

"제가 죽거든, 이 바가지를 물 위에 띄우고 바가지가 흐르는 대로 노를 저어가십시오. 그러면 무사히 강화에 닿을 수 있습니다."

손돌의 목이 떨어지자 갑자기 바람이 무섭게 몰아치고 파도가 거세졌습니다. 사공 잃은 배는 그 안에 탄 모든 사

손돌묘

람들의 넋이 빠질 만큼 요동쳤습니다. 누군가가 바가지를 띄웠습니다. 그리고 솔솔 흘러가는 바가지를 따라 노를 저어갔습니다. 결국 임금일행은 강화도에 무사하게 내렸습니다. 바가지가 그들을 구했습니다.

임금은 부끄러웠습니다. 손돌을 죽인 것이 몹시 후회스러웠습니다. 손돌에게 용서를 빌고 싶었지만 그는 이미 저 세상 사람입니다. 그래서 손돌을 위한 사당을 짓게 하고 정성으로 제사를 지내게 했다고 합니다.

지금도 손돌이 죽은 날[음력 10월 20일]쯤 되면 유난스레 바람 불고 추워지는데 그 추위를 '손돌추위'라고 부릅니다. 국어사전에도 '손돌바람'과 '손돌이추위'라는 단어가 실려 있습니다. 손돌이 건너던 강화 앞바다는 '손돌목'이라고 불립니다. 손돌묘 아래 철책에서 물 건너 강화쪽을 보면 광성보 용두돈대가 보이는데, 그 앞바다가 바로 손돌목입니다.

『김포군지』에 의하면, 손돌을 모시던 사당이 일제강점기 초만 해도 여기 대곶면 신안리에 있었답니다. 사당지기도 있어서 매월 초하루와 보름에 제를 올렸대요. 그런데 일제에 의해 사당이 헐려버렸고, 제사도 끊기고 말았습니다. 1970년대부터 손돌공 진혼제孫乭公鎭魂祭가 다시 시작됐습니다. 매년 음력 10월 20일에 김포시 문화원 주관으로 행사가 치러지고 있습니다.

손돌을 죽게 한 임금은?

손돌을 죽인 임금이 고려 고종이라고 말해집니다. 몽골의 침략 당시 고려조정은 도읍을 개성에서 강화도로 옮깁니다. 당연히 고종이 강화도로 갔지요. 그런데 고종은 이곳 손돌목으로 건너지 않았습니다. 강화의 북쪽 승천포라는 곳으로 갔습니다. 고종 외에 강화에 들어간 임금으로 조선의 인조가 있습니다. 정묘호란 때 후금군을 피해왔었죠. 그러나 인조도 이곳으로 오지 않았습니다. 고려 고종과 조선 인조 외에도 몇몇 임금이 더 말해지지만 손돌을 죽인 주인공이 누구인지는 정확히 알 수 없습니다.

## 사람을 귀하게 여겨라!_ 돌우물

다음 중 돌우물이 있는 곳은 어디일까요?
① 양곡리 ② 석정리 ③ 학운리 ④ 구래리 ⑤ 말죽거리

답은 당연히 ②번이지요. 석정石#이 돌우물이라는 뜻이니까요. 그래도 틀린 분 있을 겁니다. 문제를 너무 깊게 생각하면 답이 안 보일 때가 있는 법이죠. '아마, 함정일 거야.' 의심한 분들도 틀렸을 겁니다. 그래요. 지금부터 말씀드리려고 하는 돌우물은 김포시 대곶면 석정리에 있습니다.

조선 인조 때, 장릉을 조성할 당시였대요. 입관을 위해 땅을 파는데 그 속에서 물이 솟구쳤답니다. 공사는 중단되었죠. 이를 지켜보던 지관地官이 땅속으로 흐르는 물길을 따라 길을 나섰습니다. 물 뿌리를 찾기 위함이었지요. 수십 리를 따라간 끝에 드디어 찾았습니다. 커다란 돌이 둘려 있는 작은 샘이었습니다. 지관이 그 샘을 파헤치게 하자, 엄청난 양의 물이 터져 나왔습니다. 그러자 장릉에서 솟구치던 물이 마르게 되었다고 합니다. 돌우물의 탄생을 전해주는 이야기랍니다.

돌우물의 돌들은 그 생김새가 예사롭지 않습니다. 거북모양을 한 바위는 머리부분이 없습니다. 그 사연도 전설이 되어 전해오는데, 내용은 다음과 같습니다.

돌우물의 물맛이 기막히게 좋았던 모양입니다. 더구나 각종 질병치료에도 효험이 있었던 것 같습니다. 많은 사람이 샘물을 마시려고 몰려들었습니다. 마을은 물을 긷는 사람들로 날마다 북적였어요.

전라도 어느 지방의 수령을 지냈던 이가 돌우물 옆에 살았대요. 수령은 기분이 좋지 않았습니다. 사람들이 너무 많이 몰려드니까 짜증이 났던 모양입니다. 불편한 게 한둘이 아니었겠죠. 그는 '어찌하면 사람들이 몰려들지 않게 할 수 있을까' 고민하다가 어느 스님에게 방법을 물었습니다. 스님은 거북바위의 머리부분을 깨버리면 된다고 알려주었습니다. 수령은 스님의 말을 따라 거북의 머리를 깨버렸습니다. 그러자 돌우물을 찾는 사람들이 줄어들기 시작했습니다. 마을이 조용해졌습니다. 동시에 수령의 집안에 우환이 거듭되더니 결국은 완전히 망하고 말았답니다. 완전히….

돌우물에서 샘솟는 물의 양이 아주 많았던 모양입니다. 주변의 모든 논에 물을 댔었다고 하니까요. 그래서 아무리 가물어도 이 지역만큼은 흉년이 없었다고 해요.

마을주민들에게 돌우물은 경외와 고마움의 대상이었습니다. 그래서 마을의 이름도 석정리라고 했겠죠.

돌우물을 찾아 나섰습니다. 강화초지대교 직전 덕포진 가는 길로 들어섰습니다. 들어서자마자 삼거리가 됩니다. 왼쪽은 덕포진으로 이어지고 오른쪽이 석정리로 가는 길입니다. 오른쪽 길로 갑니다. 한 1km 정도 가니 다시 삼거리, '사래 버스 대기소'입니다. 좌우, 어느 길? 버스를 기다리는 아주머니께 석정초등학교 가는 길을 물었더니 오른쪽 길이랍니다. 2km 정도 더 갔더니 석정초등학교입니다. 돌우물은 석정초등학교 가기 직전 오른쪽 작은 길로 들어갑니다.

드디어 도착. 돌우물을 보호하려고 붉은 벽돌로 담을 높게 쌓았습니다. 들어가 보려고 하니 출입문이 굳게 잠겨 있더군요. 할 수 없이 밖에서 구경만 했습니다. 우물이라기보다는 작은 연못 같았습니다. 영하 11°C의 아침, 그래도 물에서는 따뜻한 김이 모락모락 피어오르고 있었습니다.

돌우물 원경

끝내 물맛을 보지는 못했습니다. 잠겨 있어서, 너무 추워서, 그리고 지저분해서요. 안타깝게도 물은 오염되어 있었습니다. 물빛은 맑음을 잃었고, 푸른 이끼 같은 것들만 물 위에 둥둥 떠 있었습니다. 물이 흐르지 못하고 고였기 때문에 그리된 것 같습니다. 돌우물이 우물로 되살아나기를 소망하는 마음으로 손을 흔들어주고 발길을 돌렸습니다.

최근의 돌우물 모습

●●● ㅎㅎ~, 저의 작은 소망이 이루어졌습니다.

우리 학교 정 선생님 처가댁 가는 길에 돌우물에 인사하러 들렀다가 깜짝 놀랐습니다. 위압적이던 벽돌담이 어느새 사라지고 나무울타리가 둘렸습니다. 물은 맑음을 되찾아 투명하게 반짝이고 있었습니다. 함께 제 머리도 맑아졌습니다.

# 하성면으로 가봐요

이목 사당_ 한재당

하성초등학교 앞길에서 강화 방향으로 가면 오른쪽으로 한재당 가는 길이 나옵니다만, 여기서는 그 반대 방향에서 안내하겠습니다. 김포시내에서 강화 방면으로 직진해서 마송을 거쳐 김포외고 지나면 갈산사거리. 여기서 우회전. 그러면 군하삼거리. 군하삼거리에서 조각공원 가는 길[오른쪽 길]로 진입합니다. 곧 두 길로 나누어지는데 오른쪽이 한재당과 애기봉 가는 길입니다. 여기 삼거리부터 십리 조금 못 가면 왼쪽으로 애기봉 입구임을 알려주는 선간판이 있어요. 그곳으로 들어가 1km 정도 더 가게 되면 길 좌측에 한재당이 있습니다.

한재당은 조선시대의 학자 이목(李穆, 1471~1498, 성종 2~연산군 4) 선생을 모신 사당인데 1898년(대한제국 고종황제 2)

에 건립되었습니다. 이목의 호가 한재寒齋이기에 한재당이 되었습니다. 그는 이곳 하성면 가금리 출생으로 불의와 타협하지 않는 강직한 성품을 지녔던 사람입니다. 8세 무렵 글을 배우기 시작했고, 14세부터는 김종직을 스승으로 모시고 본격적인 학문을 연마합니다.

19세에 진사시에 합격해서 성균관 유생이 됩니다. 성균관 유생! 그러니까 학생신분일 때 무녀를 가까이 한 왕대비를 비판하고, 또 대신大臣 윤필상의 잘못을 탄핵하다가 공주로 귀양 가는 곤경을 맛보기도 합니다. 1495년(연산군 1) 증광 문과에 장원급제하여 벼슬을 하게 되지만, 3년 뒤인 1498년(연산군 4)에 일어난 무오사화 때 처형당합니다.

증광 문과라는 말이 좀 어렵죠? 말 풀이부터 먼저 하고 계속하지요.

문과文科는 무과武科와 대비되는 말로 정식 과거인 대과大科를 가리킵니다. 대과를 보려면 먼저 소과小科에 합격해야 합니다. 소과는 생원시生員試와 진사시進士試 이렇게 두 종류였어요. 생원이나 진사가 되면 성균관에 입학해서 대과를 준비할 수 있게 됩니다. 대과는 3년에 한 번씩 정기적으로 치러졌는데 이를 식년시式年試라고 합니다.

그렇다고 과거가 3년에 한 번만 치러진 건 아닙니다.

비정기적으로 시행되는 별시別試라는 게 있었으니까요. 여러 가지 별시 가운데 하나가 증광시增廣試입니다. 증광시는 새 임금이 즉위했다던가 기타 등등 나라에 경사가 있을 때 그걸 기념하려고 시행했던 과거입니다.

이목이 무오사화 때 처형됐다고 말씀드렸죠? 그런데 갑자사화(1504, 연산군 10) 때 한 번 더 죽임을 당합니다. 관을 열어 시신의 목을 베는 부관참시 형에 처해졌던 것이지요. 연산군이 쫓겨나고 중종이 즉위하면서 이목에게 내려졌던 죄목들이 무효가 됩니다. 그리고 이조판서에 추증됩니다. 억울함을 씻고 벼슬까지 높게 올라갔건만, 이미 그는 이 세상 사람이 아니었습니다.

이목에게 그나마 다행이었던 것은 죽기 전해인 27세 때 아들 세장世璋을 낳았다는 겁니다. 부인 김씨는 두 살배기 세장을 홀로 키워 과거에 급제시킵니다. 아버지를 닮았던 세장은 청백리로 이름을 남기게 됩니다.

원래 한재당은 지금의 위치에 있던 것이 아닙니다. 현 위치 맞은편 길 아래에 있었습니다. 원래의 터엔 사각 담장이 둘려 있고 그 안에 조촐한 비碑 하나 서 있습니다. 담장 밖에 쌓여 있는 옛 기와는 푸른 이끼 가득 입고 있었습니다.

한재당, 외삼문으로 들어갑니다. 넓은 정원은 참도

한재당 대절문

가지런합니다. 바닥에 깔아놓은 돌 한 조각도 허투루 하지 않았습니다. 내삼문에는 대절문大節門이라 쓰여 있고, 그 안에 있는 사당에는 정간사貞簡祠라고 쓴 현판이 걸렸습니다. 정간은 그가 죽은 뒤에 내려진 시호입니다. 정貞은 곧다는 뜻이고, 간簡은 대쪽이란 의미이니, 임금도 그를 대쪽처럼 곧은 사람으로 평가했던 것이지요. 맞배지붕 곱게 인 정간사는 기품이 배어 있는 건물입니다.

사당 담장 밖으로 날렵한 맵시의 정자가 있고 정자 밑으로 연못이 있습니다. 정자 현판에는 한재다정寒齋茶亭이라고 쓰여 있습니다. 이목은 차茶를 몹시 아끼고 사랑했습니다. '이태백이 달을 좋아하고 도연명이 국화를 사

정간사

랑하듯' 이목은 차를 아꼈답니다. 그에게 차는 멋이나 맛을 위한 음료가 아니었습니다. 풍류나 건강만을 위한 마실 거리도 아니었습니다. 차 자체가 수행의 과정이었습니다. 그래서 차의 현묘함을 노래한 다부茶賦라는 글을 남기기도 했습니다. 이를 기리면서 경기도와 김포시가 함께 '한재다정'을 건립했다고 합니다. 그러고 보니 한겨울임에도 아랑곳없이 푸르기만 한 차나무가 정자 앞마당에서 자라고 있었습니다.

　뒷담 작은 문으로 선생의 묘소에 갔습니다. 넓은 공간에 묘 여럿이 모셔져 있는데 제일 위에 있는 것이 이목 선생의 묘입니다. 장명등이 하나, 망주석이 둘, 문인석이 넷 있습니다. 문인석 가운데 두 개는 오랜 세월 비바람에 녹아내려 윤곽이 뚜렷하지 않습니다. 반면 장명등과 다른 석물은 그리 오래된 것 같지 않습니다.

잠시 장명등 앞 잔디에 앉았습니다. 좌우로 소나무가 울창하여 바깥 같지 않은 아늑함이 느껴집니다. 저 앞산을 바라보다가 하늘까지 보아버렸습니다. 깨끗하게 푸른 하늘이었습니다. 스물여덟, 그 젊은 나이에 목숨을 놓아야 했던 이목, 그의 절개가 저 하늘빛 같습니다.

그가 죽기 전에 지은 절명가絶命歌가 전하기에 여기에 소개합니다. 죽음 앞에 비굴하지 않았던 당당함이 느껴집니다.

> 검은 까마귀 모이는 곳에 흰 갈매기야 가지 마라
> 저 까마귀 성내어 너의 흰 빛을 시새움 하나니
> 맑은 강물에 깨끗이 씻은 몸
> 저 더러운 피로 물들까 두렵구나
> 책 덮고 창문을 열고 보니
> 맑은 강물 위에 흰 갈매기 노니는구나
> 무심코 침 뱉고 보니
> 흰 갈매기 등에 묻어버렸네
> 흰 갈매기야 성내지 마라
> 세상사람들이 더러워 침을 뱉었으니

한재다정

## 나·너·우리 모두 '애기'입니다_ 애기봉

"어? 저 애기봉이네!"

애기봉에 오른 어떤 분이 땀을 씻으며 불쑥 던진 말입니다. '애기'를 '아기'로 생각해서 '아기의 봉우리' 정도로 생각했는데, 와서 보니 돌비에 애기봉愛妓峰이라고 쓰여 있는 겁니다. 그런 말이 나올 수밖에요. 그렇습니다. 애기봉은 '사랑스런 기생의 봉우리'라는 뜻입니다. 여기에는 애절한 전설이 담겨 있어요.

병자호란 때라고 합니다. 평양이라고도 하고, 개성이라고도 하는데 아무튼 그곳에 권세 높은 사람이 있었습니다.

그에게는 사랑하는 기생이 있었습니다. 난리가 나자 남쪽으로 피난하게 되는데 사정이 생겨서 기생 먼저 내려왔습니다. 남자는 오지 못했습니다. 애기는 하루도 거름없이 조강 나루가 보이는 봉우리에 올라 남자를 기다렸습니다. 기다리고 기다리다 마음이 지치고 덩달아 몸마저 지쳤습니다. 끝내 임이 오지 않음에 병 깊어진 애기가 죽기 전에 유언했답니다.
"제가 죽거든 북쪽을 향해 몸을 세워 묻어주세요. 누우면 우리 임 오시는 걸 볼 수 없으니까요."

옛날 애기愛妓가 서 있던 그 자리에 지금 우리가 서 있습니다. 옛날 애기가 바라보던 북쪽 산야를 지금 우리가 바라보고 있습니다. 애기의 그리움이 우리의 그리움 되어 분단의 현실을 다시 확인하는 아픔의 현장입니다.
애기봉 전망대에서 보는 북한 땅은 실감 나지 않을 만큼 가깝습니다. 강원도 통일전망대보다 훨씬 더 생생합니다. 굳이 오백 원 동전 넣는 망원경에 의지하지 않아도 북한의 산과 들 그리고 집과 사람들을 그대로 볼 수 있습니다.
물 건너 북한의 산들은 벌거숭이 민둥산입니다. 나무가 없습니다. 홍수 피해가 더 심해질 수밖에 없습니다. 전투가 벌어질 때, 상대방을 쉽게 식별하려고 나무를 심지 않은 거라고 합니다. 그러나 다른 한편으로 생각하면 그만큼 많은 나무가 땔감으로 소비되고 있다는 말도 됩니다. 전에 가보니 금강산 근처의 야산들도 모두 예외없이 벌거숭이였습니다. 찬 겨울을 나무 땔감에 의지하여 버텨내야 하는 북한동포들의 어려움을 새삼 느껴야 했습니다.

전망대에서 왼쪽을 보면 물 가운데 조그마한 섬이 보입니다. 유도라는 섬이에요. 저~기, 위에서부터 떠내려오다 그곳에 멈춰 서서 유도游島라고 한대요. 그 안에 뱀이 많다고 해서 뱀섬이라고도 부릅니다. 몇 해 전 큰 홍수 때 북한에서 소 한 마리가 떠내려와 유도에 '상륙'한 적이 있습니다. 북한 소는 남한 소와 '결혼'을 했지요. 통일의 상징처럼 그렇게 그들은 맺어졌습니다.

이제는, 애기봉이 분단의 아픔을 확인하는 안보의 현장이 아니라 통일을 기리는 평화와 희망의 장소가 되었으면 합니다. 남북의 소가 하나 되듯 남북의 사람들이 하나 되는 그날을 기다립니다.

애기봉은 하성면 하성초등학교 앞으로 해서 강화 방면으로 가는 길 중간쯤입니다. 선간판을 보고 우회전하세요. 그럼 왼쪽으로 한재당입니다. 한재당 지나면 바로 군부대 검문소입니다. 여기 검문소에 내려서 신분을 확인하고 출입증을 작성해야 합니다. 울창한 숲길을 몇 구비 돌아 오르면 넓은 주차장입니다. 주차장 서쪽 끝으로 충혼탑이 있습니다. 꽤 높다란 계단을 오르면 힘찬 기상이 역력한 탑을 보게 됩니다. 서로 가위바위보 하며 오르면 잠깐이에요. 여기도 한번 둘러보세요.

애기봉

장만의 영정_ 옥성사

여긴 찾아가기가 좀 어렵습니다. 아무런 이정표도 안내판도 없습니다. 48번 국도 누산삼거리를 지나면 바로 하성삼거리입니다. 여기서 우회전하세요. 첫번째 사거리를 그냥 통과합니다. 하성삼거리에서 5킬로 정도 되는 거리에 두번째 사거리가 있어요. 좌회전하면 하성초등학교를 지나 한재당과 애기봉으로 가게 됩니다. 옥성사는 여기서 그냥 직진, 태산가족공원 방향입니다. 잠시 후 왼쪽으로 태산가족공원. 그대로 통과. 그럼 바로 오른쪽에 '들꽃향기'라는 카페가 보입니다.

'들꽃향기' 지나자마자 작은 사거리. 이곳에서 좌회전하세요. '김포승마클럽'이라는 표시를 따라가면 됩니다. 여기서부터 2킬로 정도 가다보면 왼쪽으로 커다란 나무 두 그루, 조그마한 어린이 놀이터, 예전 시골마을에서 쉽게 볼 수 있었던 4H 클럽 표지 돌이 있는 마을입니다. 이 마을 안으로 들어가면 오른쪽 나직한 언덕 위로 사당이 있습니다. 높은 담으로 둘러 지붕만 보이는 이 사당이 장만 선생을 모신 옥성사玉城祠입니다.

이곳을 소개하는 책들에는 모두 충정사忠定祠라고 나오데요. 그런데 지금은 충정사가 아니고 옥성사랍니다. 관리하는 분께 여쭤보니 원래 충정사였는데 최근에 옥성사로 현판을 바꿔 걸었다고 하시더군요. '충정사'라고 했던 것은 장만에게 내려졌던 시호가 '충정'이기 때문이었고, 새 이름 '옥성사'는 그가 옥성부원군玉城府院君이라는 벼슬을 받은 데서 비롯됐습니다.

사당 안에는 장만의 커다란 영정 두 점이 모셔져 있습니다.

하나는 이괄의 난을 평정한 공으로 진무공신振武功臣 1등에 뽑혔을 때 제작된, 관복차림의 초상화예요. 높이가

240cm, 폭이 113cm입니다. 조선시대에는 나라에 공을 세워 공신이 되면 나라로부터 초상화를 받았습니다. 임금의 명을 받은 전문화가가 공신의 초상화를 그렸던 겁니다. 일종의 표창이었던 것이죠. 이 초상화의 색다른 점은 한쪽 눈이 가려져 있다는 것입니다. 장만은 평소 눈병을 자주 앓았는데 이괄의 난을 진압하는 과정에서 한쪽 눈을 아예 못 쓰게 되었답니다. 그 모습을 그대로 그린 것이죠.

다른 하나는 유학복식 차림의 초상화인데 높이 253cm, 폭 113cm 크기의 작품이에요. 이 영정은 얼굴이 심하게 얽은 모습입니다. 어릴 때 혹독하게 앓았던 마마 후유증으로 얼굴에 '곰보' 자국이 남은 것인데 그 모습을 그린 것입니다. 숨기고 싶어했을 부분까지 모두 드러내 사실적으로 표현하였기에 초상화로서의 가치가 더욱 높은 것이죠. 장군복장을 한 장만의 초상화도 한 점 있었는데 일제강점기에 없어졌다고 합니다.

장만 영정

옥성사

 영정과 함께 공신녹권功臣錄券이라 불리는 교서도 보관되어 있습니다. 공신녹권은 임금이 장만을 진무공신 일등에 임명한다는 글입니다. 옥성사 문이 잠긴 날이 많아서 영정과 공신녹권 볼 기회가 많지 않습니다.

 장만(張晚, 1566~1629, 명종21~인조 7)은 조선시대의 관료로 중앙과 지방의 관직을 두루 거친 인물입니다. 임진왜란과 정묘호란을 직접 경험하면서 국방력 강화에도 큰 힘을 보탰습니다. 반란을 평정하는 등 무武에도 재능을 갖춰 문무를 겸비한 인물로 추앙받았습니다. 병조판서 등을 지냈으며 사후 영의정에 추증되었고, 저서로는 『낙

서집』이 있습니다. 그의 호가 낙서洛西이기 때문에 책의 이름을 그리 지은 것입니다.

## 막내 생육신 남효온 묘

조선시대 생육신生六臣의 한 분인 남효온(南孝溫, 1454~1492, 단종 2~성종 23) 선생이 묻힌 곳으로 안내하겠습니다. 48번 도로 하성삼거리에서 다시 시작하지요. 하성삼거리에서 우회전해서 계속 직진으로 7킬로 조금 더 가면 금성초등학교 앞 삼거리입니다. 중간에 마곡사거리, 태산가족공원을 거치게 됩니다.

금성초등학교는 삼거리에서 왼쪽 길이고 남효온 묘는 오른쪽 길입니다. 오른쪽 길로 접어들자마자 우측으로 '마조리 보건진료소'가 있습니다. 보건진료소 앞길로 2킬로 남짓 가면 '후평1리 복지회관'이 있는 삼거리입니다. 여기서 왼쪽 길로 가요. 1킬로 정도 가면 왼쪽 언덕으로 선생의 묘소가 보입니다. 중간에 길을 물으실 때, 연세 지긋한 어른한테 가작동에 있는 남씨 댁 조상 묘가 어디냐고 하시면 됩니다. 큰길에서 가깝지만 묘까지 걸어가는 길이 마땅치가 않습니다. 조심해서 올라가세요.

태·정·태·세·문·단·세!

조선의 네번째 임금이 세종이네요. 세종의 큰아들이 문종이고 둘째아들이 수양대군입니다. 문종이 죽고 그의 어린 아들 단종이 열두 살의 나이에 즉위합니다. 수양대군은 정변을 일으켜 조카인 단종을 내몰고 왕이 됩니다. 그가 세조죠.

세조의 왕위찬탈을 비판하며 단종을 다시 왕위에 모시려는 단종 복위 운동이 은밀하게 추진되기 시작합니다. 그러나 비밀이 새고 말았고 주동자들이 처형당합니다. 대표적인 인물이 박팽년·성삼문·이개·하위지·유성원·유응부 이렇게 여섯입니다. 우리는 이들을 사육신 死六臣으로 부르고 있죠. [사실 저 어릴 땐 사육신이 4명인 줄 알았습니다. 死를 四라고 생각해서…]

세조를 거부하고 벼슬에 나아가지 않으면서 단종에 대한 충성의 마음을 끝까지 지켜냈던 김시습·원호·이맹전·조려·성담수·남효온을 생육신生六臣이라고 합니다. 그런데 수양대군의 정변이 있을 당시, 남효온은 불과 두 살 먹은 아기였습니다. 아무것도 모르는 아기를 생육신에 포함한 이유가 뭘까요? 그가 성장한 뒤에 세조의 잘못을 지적하고 단종을 옹호했기 때문이라고 합니다.

자! 여기쯤에서 추강 남효온 선생의 삶을 되돌아보는

시간을 갖도록 하지요. 남효온은 스승 김종직이 '우리 추강'이라며 아낄 만큼 학문의 경지가 높고 성품이 곧았던 인물입니다. 사림의 큰 별인 스승 김종직으로 말미암아 남효온도 자연스럽게 사림의 일원이 되었습니다.

성종(1469~1494)은 마음이 무거웠습니다. 자신이 왕이 된 이후 해마다 자연재해가 너무 심각했기 때문입니다. '동과 서 어디에도 벼 한 포기없이' 가혹한 가뭄으로 백성의 삶은 말이 아니었습니다. 해마다 거듭되는 흉년에 더해서 봄꽃이 가을에 피고, 하늘에서 흙비가 내리는 불길한 일까지 벌어집니다.

'내 탓이오!'

임금은 자신을 반성했습니다. 하늘의 경고라고 믿었습니다. 그래서 관리이건 아니건 따지지 않고 뜻있는 이들에게 나라와 백성을 바로 세울 방법을 제시하라고 합니다. 아직 공부 중이던 남효온도 이때 상소를 올립니다. 그의 나이 25세 때인 1478년(성종 9)의 일입니다.

남효온은 임금에게 올린 상소에서 여러 가지 '건의 사항'을 말했습니다. 백성을 진실로 사랑할 줄 아는 어진 사람을 지방수령으로 임명해야 한다, 학교교육을 제대로 해야 한다, 민폐를 끼치던 내수사라는 기관을 없애야 한다, 초야에 묻힌 인재를 등용해야 한다, 소릉昭陵을 복

위해야 한다, 등등.

소릉 복위!

이것이 커다란 문제가 됩니다. 소릉은 단종의 어머니인 현덕왕후의 무덤입니다. 세조는 종묘에 모셔져 있던 현덕왕후의 신주를 불태우고 소릉을 파헤쳐 물가로 이장하게 했습니다. '왕릉'의 지위를 박탈했던 것인데, 이는 현덕왕후를 평민의 신분으로 강등시킨 것을 의미합니다. 문종의 아내 되어 아들 단종을 낳고 불과 사흘 만에 숨을 거둔 비운의 여인, 현덕왕후. 그녀는 시동생 세조에 의해 영혼까지 짓밟히고 말았습니다.

소릉을 복위하라는 남효온의 주장은 현덕왕후를 다시 왕비로 인정하라는 의미이니 이는 세조에 대한 거부를 뜻한다고 볼 수 있습니다. 당시의 조정에는 세조를 즉위시키는 데 이바지한 사람들이 많았습니다. 더구나 세조는 지금 임금인 성종의 친할아버지였습니다. 당연히 큰 혼란이 일었지요. 자칫 남효온이 처형될 수도 있었습니다만, 성종의 결단으로 무사할 수 있었습니다. 소릉은 물론 복원되지 않았고요.

남효온은 절망했습니다. 성종에 대한 기대가 컸던 만큼 실망도 컸습니다.

'이게 어찌 제대로 된 조정인가?'

결국 그는 벼슬에 나아갈 꿈을 접습니다. 그냥 학문하고 또 세상을 유랑하며 지냈습니다. 주위에서 과거를 권하면 소릉이 복위 될 때 보겠노라 하면서 현실정치에 등을 돌리고 살았습니다. 옳고 그름도 구분하지 못하는 조정에는 나아가지 않겠다고 했습니다.

초연하게, 마음 편하게 살지는 못했던 것 같습니다. 가슴에 쌓인 울분을 술로 달래다 보니 건강이 자꾸만 나빠졌습니다. 술을 벗 삼아 한강 가에 살면서 많은 시를 지었는데, 시詩 쓸 때만큼은 마음의 평화를 맛봤을 겁니다. 세상과 타협하지 않고 외곬으로 살았던 외로운 시인, 남효온이 삶에 마침표를 찍은 것은 39세 때였습니다. 강을 사랑하여 강에 살았던 남효온의 호를 다시 떠올려봅니다. 추강秋江! '가을 강'이 주는 쓸쓸함이 그의 삶 속에 고스란히 배어 있습니다.

그이가 사망하고 십여 년이 흐른 1504년(연산군 10)에 갑자사화가 일어납니다. 이때 남효온은 부관참시剖棺斬屍 형에 처해집니다. 시신이 참혹하게 해코지 당한 것이죠. 김종직의 제자인 '죄', 소릉 복위를 상소한 '죄'가 그가 두 번 죽게 된 이유였습니다.

두 번 죽어 영원히 살게 되는 계기가 드디어 오게 됩니다. 1513년에 소릉 복위가 실현된 것입니다. 연산군을 밀어내고 즉위한 중종 임금 8년 때의 일입니다. 이때 남효온의 '죄'가 모두 풀리고 좌승지에 추증됩니다. 1782년(정조 6)에는 이조판서에 추증되면서 문정공文貞公이라는 시호도 받았습니다. 장흥의 예양서원, 함안의 서산서원, 영월의 창절사彰節祠 등에서 남효온을 모시고 있습니다.

그의 저서 『추강집秋江集』에 「육신전六臣傳」이 실려 있습니다. 당시에 금기로 되어 있던 사육신에 대한 이야기를 담은 것이죠. 죽음을 두려워 않는 용기와 신념이 있었기에 가능한 일이었습니다. 그의 「육신전」덕분에 사육신이 세상에 알려지게 되었습니다.

이제 묘역을 한번 둘러볼까요?

봉분은 지름이 3.5m인데 부인 파평 윤씨와의 합장분이라고 합니다. 아담하게 단장된 묘역에는 문인석과 장명등·망주석·묘비 등이 자리하고 있습니다. 묘비와 문인석은 옛 모습 그대로입니다. 오랜 세월 바람과 비에 깎이고 닳아서 묘비의 글씨도, 문인석의 얼굴도 제대로 알아보기 어렵습

문인석

남효온 묘

니다. 문인석의 뒷머리 부분이 떨어져 나갔던 모양인지 시멘트로 반듯하게 붙여놓은 모습입니다. 반면 망주석과 장명등은 최근에 새로 설치한 것이라 깔끔합니다.

남효온의 묘비 옆으로 윤기가 반지르르 흐르는 검정색 돌비가 섰네요. 어째 좀 부자연스럽다 싶어서 다시 보니 후손들이 당신들의 이름을 새겨놓은 비입니다. 묘역을 정비하는 비용으로 누구 얼마, 누구 얼마 냈다는 내용이 자세히 적혀 있습니다. 원래 남효온의 묘는 경기도 고양시에 있었다고 하는데, 이곳으로 옮겨 새로 조성하면서 들어간 돈의 수입명세를 밝힌 것 같습니다. 제가 만약 남효온이라면 그 비를 바라보며 슬픈 한숨을 내쉴 것 같습니다.

묘역을 내려오는데 별안간 소설가 조정래 선생이 떠오르데요. 그분의 작품, 『한강』에서 읽었던 글 한 줄 때문이었습니다. '정의와 진실은 현실 속에서 끝없이 패배한다. 다만 긴 역사 속에서 승리할 뿐이다.'

이제 남효온 선생의 시 한 편 느껴보고 다음 장소로 가죠.

병들어 앓던 어느 날, 아들과 함께 살구꽃 구경을 나왔던 소회를 읊은 것입니다[김성언, 68쪽].

| | |
|---|---|
| 애 데불고 천천히 산언덕 길 걷나니, | 携兒散步歷山陂 |
| 붉은 살구 가지 끝엔 보름달 걸렸구나. | 紅杏梢頭月午時 |
| 꺼져가는 내 영혼도 봄뜻 따라 움직여, | 半死心隨春意動 |
| 봄바람 맞으며 꽃 많은 가지 꺾네. | 臨風折得最繁枝 |

민성의 죽음을 기림_ 정성지문

정성지문은 하성면 전류리에 있습니다. 옥성사 가는 길에 미리 찾아볼 수 있는 곳입니다. 48번 도로 하성삼거리에서 우회전해 들어오다가 첫번째 사거리[마곡 사거리]에서 우회전합니다. 이정표에 나와 있는 '올림픽대로,

전류리' 방향입니다. 여기서 2킬로 조금 더 가면 제방도로로 들어가게 됩니다. 정성지문은 제방도로 진입 직전 오른쪽 길로 올라가면 됩니다.

조선시대에 민성閔垶이라는 분이 있었습니다. 1586년(선조 19)에 김포시 하성면에서 태어나 1637년(인조 15)에 강화도에서 생을 마감했습니다.『김포의 인물지』등에 민성이 정여립 모반 사건을 다스린 공으로 평난공신平難功臣 2등에 뽑혔다는 내용이 나옵니다. 그러나 이는 잘못입니다. 편집과정에서의 실수였던 것 같네요. 정여립 사건이 벌어진 1589년은 민성의 나이 4살 때입니다. 정여립을 진압하는 데 공을 세워 평난공신이 된 이는 민성이 아니라 민성의 아버지 민인백입니다.

민성은 병자호란 때에 가족 모두를 이끌고 강화도로 들어가서 아들 삼형제와 함께 의병이 되었다가 강화성이 함락되자 스스로 목숨을 끊었습니다. 이때 민성뿐 아니라 그의 아들, 딸, 며느리 등 열두 가족 모두 자결하였습니다.

1640년(인조 18), 임금은 민성에게 높은 벼슬을 내려주고 그 가족의 의로운 죽음을 기리고자 12정려 충신정성지문忠臣旌垶之門을 하사하였습니다. 남정네들은 충신이요, 여인네들은 열녀로 인정받은 것입니다. 정조 14년(1790)

에는 충민忠愍이라는 시호가 내려집니다. 정조는 또 강화도 충렬사에 민성을 배향하도록 명합니다.

생시의 민성은 충좌위부사직忠佐衛副司直이란 벼슬을 했다고 합니다. 충좌위는 조선의 중앙군사조직인 5위 가운데 하나입니다. 부사직은 사직 다음 직급으로 종5품입니다. 그런데 민성 당시의 5위는 유명무실한 존재였습니다. 임진왜란 중에 새로운 군사기구인 훈련도감이 설치되면서 5위를 대신할 5군영 체제가 마련되고 있었기 때문입니다. 따라서 민성의 충좌위부사직이라는 벼슬은 어떤 실권이 주어지는 직책이 아니라 명예직에 가까웠던 것으로 보입니다. 생시에 크게 주목받지 못한 민성이었지만, 의로운 죽음으로 나라의 기림을 받는 인물이 되었습니다.

정성지문 입구에 홍살문이 섰습니다. 홍살문 안으로 들어가면 정성지문이 있고 그 뒤로는 표충사表忠祠라는 사당이 있습니다. 정성지문旌㫌之門이라는 현판이 걸린 건물 안에는 「충민공 여흥민씨 정성지문 순절비忠愍公驪興閔氏旌㫌之門殉節碑」라고 쓴 비가 서 있고 비 뒷벽에는 민성 가족에 대한 정려 기록이 쓰여 있습니다.

정성지문 앞뜰이 넓습니다. 낙엽 수북하여 걸을 때마다 폭신한 촉감이 느껴집니다. 누군가 낙엽을 황금 비

정성지문

늘이라 했는데, 여기 낙엽은 황금보다 더 깊고 그윽한 색을 갖고 있었습니다. 정성지문이 위치한 곳은 꽤 높은 곳이라 전망이 좋습니다. 뜰 끝자락에는 정자도 있었던 모양입니다. 홍살문 아래로 내려다보이는 한강은, 이제 곧 만나 하나가 될 바다를 향해 씩씩하게 흘러내리고 있었습니다.

# 통진읍 그리고 월곶면의 역사 찾기

### 신도비 공부 터_ 심연원·심강 신도비

 마송 현대아파트를 지나면 우측으로 '젊은이여 해병대로!'라는 글이 눈에 듭니다. 여기 해병 부대 지나자마자 왼쪽에 '옹정공업단지'라고 쓴 선 간판이 있습니다. 그곳으로 들어가야 하는데 좌회전이 안되니까 조금 더 가서 유턴해 옵니다. 공업단지 길로 들어서 300m 정도 가면 청송 심씨 묘소임을 알려주는 돌비가 있죠. 그곳으로 들어갑니다. 단순해 보이는 비각 하나가 방문객을 맞이합니다. 심강 신도비를 모신 비각입니다. 심강 신도비에서 몇 걸음 더 가면 심연원 신도비가 있습니다. 두 신도비의 바로 뒤쪽, 그러니까 북쪽 언덕에 묘역이 조성되어 있습니다.

 묘역에는 모두 여섯 기의 묘가 있는데 제일 위쪽이

심순문 부부, 가운데가 심연원 부부, 아래가 심강 부부의 것입니다. 심순문의 아들이 심연원이고, 심연원의 아들이 심강입니다. 심순문은 1495년(연산군 1)에 과거에 급제해서 관료생활을 시작했습니다. 곧고 바르며 불의를 용납하지 않는 성격이었는데 임금 앞에서도 굽힘없이 바른말을 잘했다고 합니다. 갑자사화 때 죽임을 당했습니다. 짧은 관직생활 탓에 벼슬이 높게 오르지 못했습니다. 그러나 그의 아들과 손자는 조정에서 큰 역할을 하게 됩니다.

심강 신도비

심순문의 아들 심연원(沈連源, 1491~1558, 성종 22~명종 13)은 영의정까지 지낸 인물입니다. 1516년에 생원이 되고 1522년에 과거에 급제한 뒤 중앙관직을 두루 거치게 됩니다. 의주 부사와 탐라 목사 등 지방관의 경험도 쌓았습니다. 우의정, 좌의정을 거쳐 영의정에 오른 것은 1551년(명종 6)입니다. 일 처리가 세밀했고 문장에 능했으며 중국과 우리나라의 지리에 밝았다는 평가를 받고 있습니다. 그에게 내려진 시호는 충혜忠惠입니다.

심순문의 손자, 그러니까 심연원의 아들인 심강(沈鋼, 1514~1567, 중종 9~명종 22)도 고위직을 역임하면서 청릉부원군에 봉해진 인물입니다. 부원군이란, 일반적으로 임금의 장인에게 붙여지는 칭호입니다. 심강의 딸이 명종임금에게 시집 가 왕비[인순왕후]가 되었던 것이죠.

이제 신도비라는 것에 대해서 알아보도록 하지요.

신도비는 그 묘의 주인공이 누구인가를 밝히고, 고인이 생전에 이루었던 경력과 공적 그리고 본받을 만한 행동 등을 기록해서 후세에 전하고자 세웁니다. 현실적으로 '가문의 영광'을 드러내려는 의도도 없지 않습니다.

아무나 세우는 것이 아니고 죽은 이가 높은 벼슬을 지냈어야만 가능합니다. 조선시대에는 종2품 이상의 품계를 받은 사람만 신도비의 주인공이 될 수 있었습니다[김우림, (1998), 15쪽]. 살아 있을 때 낮은 벼슬을 했더라도 죽은 뒤에 종2품 이상의 벼슬이 추증되면 후손들이 해당 인물의 신도비를 세울 수 있었습니다. 종2품이면 오늘날의 차관급입니다.

신도비를 한자로 쓰면 神道碑입니다. '신을 안내하는 길'이라는 의미를 담고 있습니다. 그러니까 신을 묘로 안

심연원 신도비각

내하는 '도우미'가 신도비이기도 한 셈입니다. 신도비는 일반적으로 묘의 남동쪽에 있습니다. 그래서 길 가는 사람이 신도비를 보면 그 북서쪽에 주인공의 묘역이 있음을 짐작하게 됩니다. 심연원 신도비는 정말 묘역의 남동쪽에 있습니다. 그런데 심강의 신도비는 남서쪽이네요. 아마도 아버지의 비가 이미 남동쪽에 있기에 그곳에 자리를 잡은 것 같습니다.

두 신도비 모두 귀부·비신·이수의 형태를 갖추고 있습니다. 심강 신도비의 귀부는 특이합니다. 거북이가 정면을 보는 것이 일반적인데 여기 거북이는 옆으로 앉아 있습니다. 목을 길게 빼서 뒤돌아보는 모습이 아주 역동적입니다. '귀부, 비신, 이수'라는 말이 생소한 분들을 위해서 설명을 조금 더 보태겠습니다.

귀부는 비의 받침돌 같은 것입니다. 거북 모양이라서 귀부龜趺라고 하지요. 비신碑身은 비의 몸 그러니까 글이 새겨진 빗돌입니다. 이수는 비 위에 얹은 덮개돌 같은 걸 말하는데 개석이라고도 부릅니다. 이수螭首의 '이'는 이무기를 말합니다. 이무기 두 마리가 여의주를 다투는 그림이 형상화되어 그려졌기에 이수라고 하는 것이에요.

'이왕이면 용을 새기지 그랬을까?'

비가 신을 안내하는 역할을 하는 것이니까 신과 인간의 매개자 역할을 하는 셈인데 이미 신격화된 용을 쓰는 건 어울리지 않지요. 용보다는 용이 되고자 하는 이무기가 훨씬 자연스럽습니다.

그런데 모든 신도비가 귀부와 이수의 형태로 된 것은 아닙니다. 받침돌은 그냥 단순하게 사각 모양으로 된 것들이 많고 덮개 돌 부분도 이무기 외에 연꽃, 구름과 해 같은 문양을 조각한 것이 있습니다. 조선 후기 그러니까 17세기 이후부터는 지붕 형태의 덮개돌이 주류를 이루게 된다고 하네요. 비신에 지붕을 올리면 화려한 맛은 덜 할지 모르나 빗물로 빗면이 마모되는 걸 막을 수 있는 장점이 있습니다.

두 신도비의 크기는 얼마나 될까? 아버지 것이 아들 것보다 훨씬 큽니다. 우선 심연원의 신도비는 총 높이가 427cm, 비신의 높이 226cm, 너비 116cm, 두께 35cm라고 합니다. 아들 심강의 신도비는 총 높이 222cm, 비신의 높이 168cm, 너비 86cm, 두께 32cm라고 하고요.

이제 묘역으로 가보죠. 심강 신도비 옆으로 난 작은 길을 따라 올라갑니다. 제일 위가 심순문 부부의 묘라고 말씀드렸죠. 그럼 어느 쪽 묘가 심순문의 묘이고, 어느 쪽 묘가 그 부인의 묘일까요? 위에서 내려다보아 오른쪽 그러니까 서쪽 묘가 심순문의 것이고, 왼쪽[동쪽]이 부인의 묘랍니다. 심연원·심강 부부 묘의 위치도 마찬가지입니다.

왜 그런가 하면, 남자는 양陽이요, 여자는 음陰이라는 전통적인 음양론에 근거해서 좌우의 위치가 결정된 겁니다. 남면南面 그러니까 북쪽에서 남쪽을 바라보았을 때 서쪽[우]이 양이고 동쪽[좌]이 음입니다. 그래서 오른쪽에 남자의 묘가 자리잡은 것이지요. 이 책 장릉 편에서, 두 개의 봉분 중 아래에서 올려다보아 왼쪽 것이 원종의 묘라고 말씀드렸습니다. 묘 뒤에서 내려다보면 그러니까 북쪽에서 남쪽을 봤을 때는 오른쪽 것이 되는 것이죠.

그런데요, 생시에는 그 반대가 돼서 동[좌]이 양이 되고 서[우]가 음이 되어 남녀의 위치도 바뀐다고 합니다. 『예기禮記』라는 옛 책에 이르기를 "길사吉事에서는 좌左를 높이는데 좌가 양陽이기 때문이고, 상사喪事에서는 우右를 높이는데 우가 음陰이기 때문이다"라고 했답니다[김우림, (2003)].

자, 이제 제일 남쪽에 있는 심강의 묘비를 보세요. 청릉부원군이란 말은 왕의 장인이라는 의미이니 알겠는데, 익효공翼孝公은 좀 그렇죠? '익효'는 시호라는 것입니다. 거기에 '공'을 붙여 부르는 것이지요. 시호란 높은 관리가 죽은 뒤 생전의 업적을 기려서 임금이 내려주는 또 다른 이름입니다.

시호는 미리 정해진 301개의 글자 가운데서 두 자를 뽑아 쓰는데 보통 120자 정도가 자주 쓰이는 글자라고 합니다. 유독 많이 쓰는 글자는 문文·정貞·공恭·정靖·양(襄, 良)·충忠·효孝·무武·경敬·장莊·안安·익翼 등이라고 하네요. 제한된 글자만을 가지고 시호를 정하다 보니 똑같은 시호를 여러 사람이 받는 경우가 생깁니다. 예를 들어 충무공忠武公이라는 시호는 이순신 장군 외에도 남이 장군, 김시민 등 8명이나 된다고 하네요.

묘 주위의 석물들을 보세요. 좌우로 문인석이 서 있고 문인석 뒤쪽으로 망주석이 있습니다. 중앙에 있는 장명등도 참 고운 모습이네요. 잠시 망주석에 주목해 봅시다. 윗부분을 자세히 보세요. 뭔가 동물이 기어가는 듯한 모습이 보일 겁니다. 도마뱀 같기도 하고, 다람쥐 같기도 합니다. 보통 다람쥐라고 많이들 말하지요. 그런데 김우림은 망주석에 등장하는 동물이 처음에는 쥐였을 가능성을 말합니다. 쥐는 12간지의 첫번째 동물로 낮과 밤의 시간을 상징한다고 합니다. 또 죽은 이의 영혼을 의미하기도 한다는군요.

심연원의 아들이 심강이잖아요. 심강의 아들이 심의겸(沈義謙, 1535~1587, 중종 30~선조 20)입니다. 여기 신도비나 묘역과는 직접 관련된 게 없지만 그래도 조금만 말씀드릴게요. 심의겸, 그가 원한 일은 아니었겠지만 하여간 그로 말미암아 붕당정치[당쟁]가 시작됐답니다. 물론 표면적이기는 하지만요.

명종의 처남인 심의겸은 김효원과 정치적으로 갈등 관계에 있었습니다. 대립의 정도가 심했던 모양이에요. 조정의 신하들이 두 사람 편에 각각 나눠 섬에 따라 당파가 생겨나게 됐어요. 심의겸을 지지하는 세력들은 서인이 됐고 김효원을 지지하는 이들은 동인이 되었습니다. 김효원의 집이 서울 광화문 동쪽에 있었고, 심의겸의 집이 서쪽에 있었기 때문에 동인, 서인이라는 명칭이 생겨났던 것이죠.

성과 속의 공존_ 통진향교

 통진향교는 고려 인종 때쯤 건립된 것 같습니다. 원래 월곶면 고막리에 있었다고 해요. 세월이 흐르면서 건물이 낡아 새로 짓게 되는데 그 터가 협소하고 주변 계곡이 험하기도 해서 지금의 자리[월곶면 군하리]로 옮겨 짓게 된 것입니다. 그때가 1686년(숙종 12)이었죠.
 마송을 지나 강화 방향으로 가면 왼쪽으로 '김포외국어고등학교'가 있어요. 외고 지나 첫번째 사거리가 갈산사거리랍니다. 이곳에서 애기봉 방향으로 우회전하면 바로 군하삼거리입니다. 군하삼거리에서 우측 길로 가면 조각공원과 애기봉으로 가게 되고, 지금 가려는 통진향교는 왼쪽 길로 갑니다. 한 300m 정도 가면 오른쪽으로 통진향교를 알려주는 홍살문이 서 있습니다.
 홍살문 안으로 들어서면 풍화루風化樓라는 현판이 걸린 2층 누각을 만나게 됩니다. 통진향교의 출입문 같은 셈이지요. 대개 향교에는 이 자리에 외삼문이 섭니다. 풍화루 같은 누각이 있는 곳은 많지 않아요.
 풍화루 뒤에는 팔작지붕의 아담한 건물이 자리잡고 있지요. 명륜당입니다. 명륜당은 수업받는 곳으로 지금

통진향교 풍화루

의 교실 또는 강당 같은 역할을 했던 곳입니다. 명륜당明倫堂의 말뜻이 '인간이 지켜야 할 도리를 밝히는 집'이니 기가 막힌 이름을 지은 셈이죠. 명륜당 옆으로는 동재가 복원되어 있습니다.

명륜당 뒤로 담장이 둘러 있고 그 안에 동무·서무 그리고 대성전이 있습니다. 대성전은 공자의 위패를 비롯해서 중국 4성과 우리나라 18현 등을 모신 신성한 장소이죠. 그래서 대성전과 명륜당 사이에 담을 둘러 성聖의 공간과 속俗의 공간을 구분한 것이랍니다. 동무와 서무는 나무 향내 채 가시지 않은 새 건물입니다.

내삼문으로 들어가 동무, 서무 지나서 대성전 앞에 서면 셋으로 구분된 계단을 만납니다. 오른쪽 계단으로 올라가서 왼쪽 계단으로 내려와야 한다고 합니다. 가운데 계단은 '신의 길'이라 사람들은 다니지 않는 것이라고 하네요. 어렵게 대성전 내부를 볼 수 있었습니다. 일반적으로 향교에는 공자 등의 위패만을 모시는데, 이곳 통진향교에는 공자의 위패와 함께 영정도 모셔져 있습니다.

향교건축의 기본구조에 대해서 한 번 더 알아보겠습니다. 향교건축의 중심은 제사의 공간인 대성전과 학문공간인 명륜당입니다. 대성전 앞으로 동무와 서무가, 명륜당 주위로 동재와 서재가 있습니다. 향교 대부분이 대성전을 뒤에, 명륜당을 앞에 짓습니다. 전학후묘前學後廟의 배치이지요. 대성전이 앞에, 명륜당이 뒤에 있는 전묘후학前廟後學의 경우도 없지는 않습니다. 그런데 평지가 아닌 경사지에 향교를 지을 때는 꼭 대성전이 뒤에 있는 전학후묘前學後廟의 배치를 따릅니다. 명륜당이 뒤로 갈 경우 높은 곳에서 공자를 모신 대성전을 내려다보는 결과가 되기 때문입니다.

조선 초기에 건립되는 건물들은 대개 주심포 양식입니다. 조선 중기 이후부터는 조금 더 화려한 다포식이

유행합니다. 그러나 향교건물은 조선시대 내내 주심포 양식을 고수합니다. 화려한 멋보다는 고상하고 담백한 멋을 선호했다고 볼 수 있습니다.


진정한 선정을 꿈꾸며_ 군하리 비군

 통진향교 도착 직전에 우회전하면 월곶면사무소입니다. 면사무소 안으로 들어가면 주차장 동쪽 담 밑에 일렬로 서 있는 18기의 비석을 볼 수 있습니다. 이 비들은 조선 중기부터 후기까지 건립된 것들인데 대부분이 선정비善政碑·불망비不忘碑입니다. 대리석이나 화강암으로 만들었는데, 74cm 높이의 작은 것부터 201cm 되는 큰 것까지 크기가 다양합니다. 원래 이 비들은 길가에 모여 있던 것인데 지금은 면사무소 마당으로 들어왔어요.
 백성들이 그 지방에 부임했던 현감·부사·관찰사 등 지방관의 선정을 고마워하며, 오래도록 기억하고자 세운 비가 선정비·불망비입니다. 선정善政이란 '백성을 바르고 어질게 잘 다스린 정치'라는 뜻이요, 불망不忘이란 잊지 않겠다는 뜻이니 그 말이 그 말입니다. 선정비가 이렇게 많은 것은 통진 지방의 수령들이 백성의 칭송을

들을 만큼 훌륭한 정치를 펼쳤다는 것을 의미합니다.

그런데 꼭 그렇지만은 않았을 겁니다. 선정 여부와 관계없이 의례적으로 건립된 예도 있었을 것이고, 백성을 괴롭혀 원성이 자자했던 수령의 선정비도 있을 수 있습니다. 악정惡政을 펼친 수령의 선정비는 주민의 미움을 받았습니다.

장난감이 귀하던 우리네 어린 시절, 비사치기[비석치기]라는 놀이를 해보셨죠? 비사치기는 백성을 고통스럽게 하던 수령의 선정비에 돌을 던지면서 시작된 놀이라는 말이 있습니다.

열여덟 기의 비석 중에 몇몇은 비를 제작한 연호가 표시되어 있습니다. 천계 5년(天啓五年, 1625, 인조 3), 건륭 46년(乾隆四十六年, 1781, 정조 5), 함풍 5년(咸豊五年, 1855, 철종 6), 동치 13년(同治十三年, 1874, 고종 11), 광서 6년(光緒六年, 1890, 고종 17) 등입니다. 이 연호를 통해서 연대를 알 수 있는 겁니다.

비 앞에 있는 안내판을 잠깐 볼까요. 모두 17기의 비라고 쓰여 있습니다. 실제로는 18기인데 말이죠. 왜 그랬을까요? 남쪽 끝에 있는 비는 성격이 조금 달라서 제외한 것 같습니다. 그 비석은 조선시대의 것이 아니고 현대에 제작된 것이네요. 단기 4289년(1956)에 세운, 어느

군하리 선정비

면장님의 공적기념비입니다. 그래서 그 비를 빼고 17기라고 적은 겁니다.

'행부사김공노갑지생묘行府使金公魯甲之生廟'라고 쓰여 있는 비는 마지막 글자가 '廟'인데 안내판에는 '墓'로 표기되어 있습니다. 바로잡아야 할 것 같네요.

비면 그냥 비이지, 왜 비군이라고 하냐고요?

군하리 비군이라고 이름한 이유는 이곳이 월곶면 군

하리이기 때문입니다. 비군碑群의 '군群'은 '무리' 또는 '떼'라는 뜻입니다. 여러 개의 비가 모여 있어서 비군이라고 하는 것이죠. 마찬가지로 고인돌이 여러 개 모여 있을 때도 고인돌군이라고 합니다. 그래서 고정리에 있는 고인돌 무리를 '고정리 고인돌군'이라고 부르는 것입니다.

### 두꺼비 닮은 돌_ 고정리 고인돌군

갈산사거리입니다. 여기서 우회전하면 통진향교와 군하리 비군, 조각공원, 애기봉으로 갈 수 있습니다. 고정리 고인돌도 이 길로 갑니다. 사거리에서 우회전하자마자 다시 우회전해야 합니다. 우회전하면 왼쪽으로 '황우가든'이라는 식당이 보입니다. 여기서 2.5킬로 정도 가야 하는데 도착할 무렵 오른쪽으로 군부대가 있고, 경사가 심해지는 고개입니다. 고개를 넘자마자 바로 오른쪽 공터에 차를 세웁니다. 여기서 200m 정도 산자락을 걷다 보면 돌계단이 나옵니다. 수풀 헤치고 돌계단을 오르면 꼭꼭 숨어 있던 고인돌이 비로소 모습을 드러냅니다.

사각의 쇠 울타리 안에 도톰하게 생긴 고인돌이 있습니다. 굄돌 두 개가 받친 탁자식[북방식] 고인돌이에요.

고정리 고인돌

두 개의 굄돌이 덮개돌의 무게를 못 이겨 땅속으로 눌린 것인지, 아니면 주위의 흙들이 높이 쌓이게 되면서 묻히게 된 것인지 알 수 없습니다. 아무튼 굄돌이 바깥에서는 제대로 보이지 않습니다. 비스듬히 뒤로 기운 모습을 보면서 문득 금두꺼비 같다는 생각을 했습니다. 제가 이곳을 처음 찾은 날, 비가 내리고 있었습니다. 빗물 흐르는 고인돌은 정말 두꺼비가 웅크린 모습이었습니다. 크기는 길이가 2.2m, 너비가 1.05m, 두께는 0.9m입니다. 길이에 비해 도톰한 형상입니다.

가만, 고인돌군이면 고인돌이 여러 개 있다는 뜻인데…. 그렇습니다. 두 기가 더 있네요. 지금 보신 고인돌

뒤, 그러니까 동쪽 땅바닥에 허연 돌 두 개가 땅바닥에 묻혀 있을 겁니다. 그것도 고인돌이라고 합니다. 지금의 형태로 봐서는 굄돌이 없는 개석식 고인돌 같은데, 있던 굄돌이 사라진 탁자식이거나 아니면, 바둑판식 고인돌일 수도 있겠죠.


### 오르며 역사를 안는다_ 문수산성

조선시대에 말이죠, 암행어사 박문수가 김포 통진 땅에 출두했대요. 수령이 뭔가 잘못해서 벌을 받아야 하는데, 그때 어사가 문수산을 가리키며 물었대요.
"저 산이 무슨 산이냐?"
"예, 저 산은 어사님 산입니다."
어사 이름과 산 이름이 같다고 그냥 통째로 어사에게 선물해버린 셈이네요. 기발한 재치 덕분에 수령은 무사했다고 합니다. 그냥 전해지는 이야기입니다.
여기 문수산文殊山은 김포의 대표적인 산으로 훌륭한 등산코스가 마련되어 있습니다. 산중에 문수사라는 절이 있고 조선시대에 쌓은 문수산성도 있습니다. 산 아래는 산림욕장으로 유명해요. 나무의 바다 안에서 마음속

문수산성 등산로

의 때를 털어낼 수 있습니다. 굳이 산으로 오르지 않을 분들은 숲 속을 한 바퀴 돌면서 삼림욕을 하실 수 있습니다. 그렇게 산책로가 마련돼 있으니까요.

자, 이제 산으로 들어가 볼까요. 강화대교를 건너기 직전 오른쪽 길로 가야 합니다. 문수산성 남문루가 보입니다. 그 앞에 '옹골기태네[구 모란각]'라는 식당이 있네요. 이 식당 뒤로 올라가는 등산코스도 있는데 산성을 타고 올라가게 됩니다. 우리는 그냥 정문으로 가겠습니다.

남문루 아래 길을 지나 조금 더 들어가면 오른쪽으로 문수산 산림욕장 입구입니다. 여기가 정문 격입니다. 주차장이 넓어서 차 세우는 데 별 어려움이 없습니다. 솔 향과 흙 내음 버무려져 기분 좋아지는 숲길로 들어갑니다. 이제 신발끈 조이고 입산!

산으로 오르는 길이 가팔라서 제법 숨이 차요. 중턱쯤에 오르면 저기 서쪽으로 강화도가 훤하게 눈에 듭니다. 산에 오르는 맛과 멋을 만끽할 수 있어 좋습니다. 옥에 티라면 등산로에 잔돌이 많다는 겁니다. 아주 미끄러우니까 내려올 때 조심해야 합니다. 아차! 하고 주저앉으면 짚은 손바닥이 깨지기 십상입니다.

거의 다 오를 무렵 쉼터가 있습니다. 팔각정이지요. 여기서 조금 더 가면 문수산성의 암문暗門이 나옵니다. 암문은 적에게 노출되지 않도록 작게 만든 출입문을 말합니다. 내친김에 그냥 문수사까지 가보죠. 암문에서 왼쪽 길 안내판을 따라가면 그야말로 사람 한 명 겨우 지나갈 산길입니다. 새삼 산이 깊음을 알게 하는 곳이지요. 지친다 싶을 때 문수사가 슬쩍 얼굴을 내밉니다. 천천히 걸어서 두 시간 정도 걸립니다.

문수사만 다녀갈 계획인 분은 이 길로 오지 마세요. 직선코스가 있습니다. 산림욕장 입구를 지나자마자 바로 오른쪽으로 열린 언덕길입니다. 그 길로 가면 저수지를 지나서 군부대에 이르게 됩니다. 주차공간이 비좁기는 하지만 적당한 곳에 차를 세우고 군부대 정문 옆길로 해서 조금 더 빠르게 문수사에 갈 수 있습니다.

깊은 산속 절답게 문수사는 조촐합니다. 요사 외에는 부속 건물없이 아담한 대웅전뿐입니다. 정면 3칸, 측면 2칸에 팔작지붕을 한 기와집이에요. 부처님 모신 곳을 제가 그냥 대웅전이라 불렀지만 여기 문수사 법당은 대웅전이라 쓰여 있지 않습니다. 비로자나불을 모시고 있기에 '비로전毘盧殿'이라는 현판이 걸려 있습니다. 진리를 상징하는 부처님인 비로자나불은 연꽃 위에 앉아 계십니다. 왼손의 검지를 오른손으로 감싸 잡은 모습이지요. 이러한 손가락 형태는 중생의 번뇌를 부처님의 지혜로 감싸고 있음을 의미하는 것입니다.

문수사는 굉장히 오랜 역사를 간직하고 있습니다. 통일신라 혜공왕(765~780) 때, 혹은 헌강왕 2년(876)에 창건되었다고 합니다. 조선시대인 1613년(광해군 6), 1809년(순조 9)에 중창되었습니다. 비로전 옆 뜰에는 온전한 모습을 잃은 오래된 석탑이 서 있는데 고려시대의 것으로 추정한다고 해요.

비로전 서쪽으로 난 길을 조금 따라가면 서쪽으로 탁 트인 평지가 있습니다. 산꼭대기에서 보기 드문 평지입니다. 여기에 조선시대의 고승 풍담대사 탑비와 승탑이 있습니다.

풍담대사(楓潭大師, 1592~1665, 선조 25~현종 6)는 14세에 묘

향산에 들어가 스님의 길을 걷기 시작합니다. 입적하신 곳은 금강산입니다. 깊은 수행으로 높은 경지에 올라 많은 이들의 존경을 받았습니다. 학문 수준이 매우 높았고 시詩도 잘 지었다고 합니다. 성리학이 지배하던 당시 사회에서 불교는 탄압의 대상이었습니다. 그럼에도 한다 하는 유학자들 가운데 대사를 존경하고 따르는 사람들이 많았습니다. 그의 비문을 짓고 쓴 사람이 숭록대부, 통훈대부 벼슬을 하던 사람들임을 봐도 알 수 있습니다.

탑비는 이수와 비신을 합친 높이가 186cm입니다. 화강암을 다듬어 비신과 이수를 한 몸으로 제작해서 1668년(현종 9)에 세웠답니다. 이수에는 태양과 구름이 조각되어 있는데 동글동글하게 묘사한 구름의 모습이 예뻐요.

승탑은 흔히 부도라고 부르는 것으로 스님들의 사리를 모신, 탑과 같은 것입니다. 그러니까 스님들의 '묘'라고 볼 수 있지요. 팔각원당형 구조인 이 부도는 균형 잡힌 아름다움을 보여줍니다. 비가 세워지던 때 함께 건립되었습니다.

그러면 부도와 탑은 어떻게 다를까요?

위에서 말씀드린 대로 부도 즉 승탑은 스님들의 사리탑입니다. 대부분 절에 부도가 있습니다만 눈에 잘 띄지 않습니다. 경내 중심부에 두지 않고 절로 가는 길 근

풍담대사 부도

처나 뒷담 구석 등 드러나지 않는 곳에 부도를 세우기 때문입니다. 반면 탑은 눈에 금방 띕니다. 대개 대웅전 앞마당 중심부에 당당한 모습으로 서 있습니다.

 탑은 장식이 아닙니다. 절을 멋지게 보이게 하려고 세운 조형물이 아닙니다. 탑은 법당 못지않은 신성한 예배처입니다. 부처님의 상징적인 무덤이기 때문이에요. 석가모니 부처님이 열반에 든 뒤 그의 사리를 나눠서 모신 것, 그게 탑의 시작입니다. 그러니까 절의 법당에만 부처님이 계신 것이 아니고 탑에도 부처님이 계신 겁니다. 진짜 석가의 사리가 없다고 해도 그 의미만큼은 명확한 것입니다.

아! 공부를 너무 오래한 것 같군요.

부도와 탑 앞에 서서 저 앞바다를 내려다보세요. 힘들다, 힘들다 하면서도 산에 오르는 이유를 저절로 알게 됩니다. 처음에 말씀드린 것처럼 내려오실 때 조심하세요. 자잘한 돌들이 당신을 엉덩방아 찧게 할지도 모릅니다. 산성 길로 내려오신다면 이 높은 곳에 돌을 날라 성 쌓던 사람들의 고통을 떠올려보세요.

문수산성을 쌓은 때는 1694년입니다. 숙종이 임금 된 지 20년째 되는 해입니다. 그러나 문수산에 성을 쌓는 논의는 숙종이 즉위한 첫해부터 있었습니다. 영의정 허적이 강화를 돌아보고 온 뒤 문수산에 성 쌓을 것을 건의합니다. 이후 병조판서·강화유수 등이 건의와 상소를 거듭합니다. 1685년(숙종 11), 임금은 마침내 문수산성 축성을 명합니다. 그러나 이때 바로 공사가 시작된 것인지는 정확히 알 수 없습니다. 공사가 시작되었다 해도 여러 가지 이유로 지지부진했던 것 같습니다. 본격적인 공사는 1694년 임박해서 이루어진 것 같아요. 완성된 것은 그해 가을이었습니다. 공사에 동원될 백성의 고단함을 들어 반대하는 신하들도 있었습니다. 그러나 숙종은 문수산성의 필요성을 역설하며 공사를 계속하게 합니다. 이는 『숙종실록』의 기록을 보아 알 수 있습니다. 강도江都는 강화도의 다른 표현입니다.

"지금 문수산文殊山에 성城을 쌓고 있는 일은 이해利害를 가지고 말한다면 만전萬全함이 아닌 듯합니다" 하니, 임금이 말하기를 "문수산은 형세상으로 보아서 성을 축조하지 않을 수 없기 때문에 공사를 하기로 단정한 것이다. 문수산은 강도江都를 내려다보고 있으니, 적賊이 만일 먼저 점거한다면 강도는 반드시 지키기가 어렵게 될 것이다. 지금 이미 공사를 시작하였으니, 중간에 그만둘 수 없는 일이다" 하였다.

1812년(순조 12)에는 대대적인 보수공사를 했습니다. 문루는 세 개가 있었고 암문도 몇 개 있었어요. 세 개의 문루 가운데 지금 복원된 것은 남문루와 북문루입니다. 강화대교 입구에 있는 것이 남문루이고 문수산 산림욕장 입구를 지나 오른쪽으로 있는 것이 북문루입니다. 남문루와 북문루 사이 바닷가로 성벽이 있었고 그 중간쯤에 공해루控海樓가 있었습니다. 공해루는 강화도의 갑곶

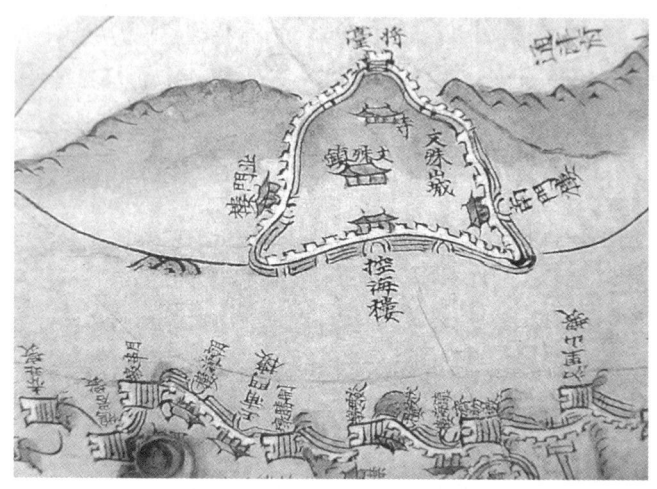

문수산성 옛지도(강화군청)

과 연결되는 통로였습니다. 공해루의 존재는 영조 때인 1760년에 제작된 『여지도서』의 지도를 통해서도 확인할 수 있습니다.

지금 공해루와 해안가 성벽은 모두 무너지고 없습니다. 병인양요 때 이곳 문수산성에서 프랑스군과 치열한 전투를 벌인 적이 있습니다. 이때 해안가 성벽의 상당 부분이 프랑스군에 의해서 파괴되었습니다.

# 가볼 만한 문화공간

### 김포 국제 조각공원

 조각공원은 문화예술의 공간입니다. 야외에 국내외 유명 작가들의 작품이 전시되어 있습니다. 1998년, 2001년 이렇게 두 번에 걸쳐 설치된 작품이 총 30점이에요. 전시 작품들은 산등성이를 오르면서 하나하나 보게 됩니다. 조각공원 정문으로 들어서면 정면에 반듯하게 선 건물을 만나게 되는데 김포 청소년 수련원입니다. 왼쪽 그러니까 남쪽으론 썰매장과 야외수영장이 있습니다.

 조각작품 감상을 시작하지요. 정문을 통과하자마자 바로 우회전해서 테니스코트 앞에 마련된 주차장에 차를 세우면 편합니다. 여기서 산으로 오릅니다. 등산이라고 하기엔 좀 뭣하지만 아무튼 제법 경사진 오솔길을 올라야 합니다. 맑은 공기 흐르는 산길 산책만으로도 기쁜

일인데 구석구석 아름다운 조각들이 자리잡고 있어서 더욱 즐겁습니다. 흔한 말로 일석이조—石二鳥하게 되는 곳이 바로 여기랍니다.

초등학교 다니는 제 아들 녀석은 아트홀 맞은편에 있는 작품을 재미있어 하더군요. 바람의 흐름에 따라 날개가 슬슬 움직이는 게 신기해서 그런 모양입니다. 잠자리 날개 같기도 하고 매미 같기도 한 게, 아닌 게 아니라 멋져 보입니다. '산들거리는 속삭임'이라는 정감있는 이름을 가진 이 작품은 일본작가 고조 니시노라는 분이 만든 것입니다.

우리에게 시작이 있다(김주호 작)

저는 김주호 작가의 '우리에게 시작이 있다'가 좋았습니다. 사람 실제 크기대로 화강암을 조각해서 만든 8개의 인물상입니다. 젊은 엄마가 안은 아이까지 포함하면 등장인물은 아홉이 되죠. 돌은 그 속성이 차가운 건데 김주호 선생의 작품들은 온기가 느껴집니다. 특별한 미남, 미녀도 아닌데 볼수록 정이 갑니다. 인생의 쓸쓸함이 있고, 사랑의 충만함과 행복도 있습니다. 가족의 소중함과 인간애도 맛볼 수 있습니다.

작품들을 돌아보고 내려오는 길, 약간의 땀이 이마로 흐릅니다. 뭔가 가슴 속에 한 아름 선물을 담아오는, 그런 기분이었습니다.

### 덕포진 교육박물관

덕포진 바로 앞에 있어서 '덕포진 교육박물관'이라고 합니다. 이곳은 그동안 신문과 잡지 등을 통해 여러 번 소개되었기 때문에 많이 알려졌습니다. 그래서 김포의 작은 명소가 되었습니다. 오랫동안 교단에 섰던 전직 부부교사가 함께 설립해서 운영하고 있는 곳이죠. 수많은 전시물을 통해 1950년 이후 우리 교육이 걸어온 흔적을, 그 모습 그대로 만나볼 수 있습니다. 아이들은 낯설고 신선한 느낌이 들 것이고, 어른들은 지난날의 향수를 맛보게 됩니다. 어렵던 시절, 그래도 꿈이 있었던 그 시절로 돌아가면 문득 그리워지는 누군가도 있을 법합니다.

모두 3개 층의 전시실을 갖추고 있는데, 1층에는 더하거나 뺄 것도 없이 날것 그대로의 옛 교실이 전시관 한쪽에 재현되어 있습니다. 키 작은 책걸상, 낡은 풍금,

갈탄 난로, 양은 도시락, 크레파스로 그린 엄마 얼굴….

아침 일찍 갔더니 관장께서 직접 난로를 피우고 있었습니다. 학창시절, 그 난로 위에 '변또' 올려놓은 4교시에는 도무지 수업에 집중할 수 없었습니다. 도시락이 너무 밑에 있으면 까맣게 타버리니까, 신경 써서 도시락 위치 바뀌는 걸 봐야 했기 때문이지요. 누군가 계란 프라이라도 싸온 걸 알면, 그걸 뺏어 먹으려고 한바탕 난리를 피웠습니다. 계란도 마음대로 먹지 못했던 시절이 분명히 있었습니다.

서당의 모습이 다시 살아난 2층은 교육사료관입니다. 온갖 교육자료들이 망라되어 있습니다. 3층은 박물관 안의 또 다른 박물관이라고 할 수 있습니다. 농경문화관이거든요. 조상이 쓰시던 각종 농기구가 가득합니다. 이곳은 냄새부터가 달라요. 외할아버지 가마 짜시던 사랑방 냄새 같기도 하고 멀리서 쥐불 놓은 것 같은, 그래서 마른 풀 타는 냄새 같기도 한 아무튼 구수한 냄새가 배어 있습니다. 그래서 더 푸근합니다.

넓은 마당에도 아이들을 위해 다양한 시설을 해놓았습니다. 관장부부의 아이들에 대한 사랑을 느끼게 하는 공간이에요. 정문 옆으로는 비석 두 개를 세웠더군요. 왼쪽에 있는 것은 대원군이 세운 척화비의 모형이고, 오른

덕포진 교육박물관

쪽에 있는 비는 강화도 덕진돈대 뒤에 있는 경고비의 모형이에요. 경고비도 역시 대원군 때 세운 것입니다. 당시에 펼쳐졌던 '쇄국정책'[통상수교거부정책]의 일면을 엿보게 하는 '교육자료'입니다.

### 김포다도박물관

애기봉, 한재당 입구에서 군하리 방면으로 진행하면 오른쪽으로 다도박물관을 알려주는 안내판이 있습니다. 안내판의 지시대로 우회전해서 길 따라가다 보면 '이런 곳에 살고 싶다'는 생각이 들게 하는 예쁜 집이 있습니다. 여기가 다도박물관입니다. 월요일엔 문을 열지 않는다고 합니다. 참고하세요.

아주 넓은 대지 위에 그림 같은 집이 있고 집 앞으로 연못이 둘입니다. 겨울바람에 콧날 찡한 날, 찾아갔는데 살얼음 언 연못에서 오리들이 놀고 있었습니다. 한쪽 작은 연못에는 장작처럼 말라버린 연꽃줄기들이 가득했습니다. 여름에는 참 보기 좋았을 겁니다. 뜰에는 여러 가지 조각작품들이 전시되어 있어서 그 자체가 작은 공원 같습니다. 춥지 않은 계절에 다시 찾고 싶은 곳입니다.

김포다도박물관

건물 지하에 박물관이 있는데 아담하고 따뜻한 공간이었습니다. 주로 차를 만드는 도구와 각양각색의 다기茶器들이 전시되고 있습니다. 중국과 일본의 다기들도 함께 전시하고 있어 자연스런 비교가 가능합니다. 아이 주먹보다 작아 보이는, 참새 모양의 1인용 다기가 특히 눈길을 끌었습니다. 저기에 차를 데우면 한 모금이나 될까? 문득 차를 마시고 싶다는 생각이 들었습니다.

　박물관을 돌아보고 나오는데 입장료 받던 아저씨가 차 한 잔을 주십니다. 일회용 종이컵에 티 팩이 들어 있습니다. 눈높이를 잔뜩 높이고 나오자마자 일회용 컵에 든 차를 마시려니 기분이 좀 그랬습니다만, 어쨌든 뜨끈해서 몸 녹이기에 좋았습니다.

### 태산가족공원

　하성삼거리에서 하성 방향으로 진행하다 보면 머지않아 태산가족공원[태산패밀리파크]입니다. 가족들이 가볍게 돌아보며 쉴 수 있는 공원입니다. 1만 평이 조금 넘는 야산에 아기자기한 시설들이 갖춰져 있습니다. 도자기를 직접 만들어볼 수 있는 도자기 체험관, 아이들이 뛰어놀 수 있는 놀이터, 야생초 화원, 조형분수, 활터, 생태연못 등이 있습니다. 산책하기에도 아주 좋은 곳입니다. 사계절 언제나 가볼 수 있지만 수풀 우거졌을 때가 제일 좋은 것 같아요.

　아이들 데리고 가시면 도자기 체험을 해보세요. 흙에서 나서 흙으로 돌아간다고, 흙을 주무르는 아이들의 얼굴이 아주 평온해 짐을 확인할 수 있습니다. 서툴지만 자기가 빚은 흙덩이가 '도자기'로 구워져서, 작품 되어 나온 걸 받게 되면 무지 기뻐합니다.

태산가족공원

태산가족공원 안내 팸플릿을 펼쳤더니 이런 글귀가 눈에 띄더군요.

"도자기는 가장 단순하면서도 가장 난해한 예술입니다."

### 옛날전시관

어디서건 보고 들어서 잔뜩 기대하고 찾아갔는데, 막상 가보니 별것 아닐 땐 허망합니다. 별 기대 안하고 갔는데, 기대 이상으로 좋을 땐 흐뭇합니다. 저에게 옛날전시관은 허망하지도 흐뭇하지도 않았습니다. 그냥 놀라움이었습니다.

장만 선생의 영정을 모신 옥성사를 찾으려고 여기저기 헤매고 다니다가 우연히 '옛날전시관'이라고 쓴 그야말로 '옛날스러운' 안내판을 보았습니다. 노랑 바탕에 까망 글씨였습니다.

'옛날전시관이라…, 도대체 뭘 전시한 걸까?'

어느새 차는 그곳으로 향해 가고 있었습니다. 좁은 시골길을 이리저리 돌아가게 되지만, 찾기는 쉬웠습니다. 안내판이 잘 되어 있기 때문입니다. 저 앞으로 허수아비가 보였습니다. 솟대도 있습니다. 그런데 허수아비는 깡통을 쓰고 있고, 솟대 위에는 프라이팬이 달렸습니다. 함께 가던 집사람이 "재밌네!" 했습니다.

'거참….'

드디어 전시관에 도착했습니다. 조립식 2층 건물의 꽤 넓은 전시관입니다. 안으로 들어갔습니다. 세상에…, 별별 물건이 다 있습니다. 그야말로 옛사람들이 쓰던 물건들은 다 모여 있는 겁니다. 전시관 관장께서 30여 년간 전국 각지에서 수집해 온 것이라는데 그 규모가 엄청납니다.

우리 할아버지 즐겨 드시던 소주됫병부터 앉은뱅이 책상, 가마솥, 나무절구, 물레, 다듬잇돌, 쟁기를 비롯한 각종 농기구, 가마 틀, 타자기, 남근목, 초대형 어목魚木….

여기에 다 적을 수가 없습니다. 전시관 바깥뜰에는 폐품을 모아 탑처럼 만든 조형물과 장승 등이 있습니다. 움막처럼 지은 자그마한 건물 안에는 성황당이라 할까, 옛사람들의 기도처를 사실적으로 꾸며 놓았습니다.

결코 돈이 되지 않는 일에 평생을 투자하고 있는 이곳 관장의 열성에 절로 고개가 숙여집니다. 안타까운 것은 너무 알려지지 않았다는 겁니다. 전시관을 연지 거의 20년이 되었다는데, 아는 이들이 별로 없습니다. 많은 분이 와서 보고 배우고 느끼는 문화공간이 되었으면 좋겠습니다.

아마 이곳에 자녀를 데리고 가시면 아이들에게 해 주고 싶은 말이 아주 많을 거예요. 특히 아빠들이 더 할 겁니다. 애 데리고 어딜 가도 도대체 할 말이 없어서 고민이라면, '옛날전시관'으로 오세요!

아직 찾아가는 길을 말씀드리지 않았군요.

48번국도 하성삼거리에서 우회전 후 직진으로 6킬로 조금 더 오면 작은 사거리입니다. 왼쪽으로 가면 옥성사로 가게 되고요, 오른쪽으로 가면 전시관입니다. 가는 길목마다 '애들 장난한 것' 같은 재밌는 안내판이 여러분을 인도합니다.

옛날전시관

## 김포유리박물관

얼마 전에 유리 체험공간이 김포에 마련되었습니다. 대곶면 수안산 가는 길에 예쁘게 자리잡은 김포유리박물관입니다. 소나무와 유리조각 작품이 사이좋게 어우러진 정원을 거닐다가 전시실에 들어갔습니다. 화려한 맛보다는 정갈하다는 느낌이 먼저 드는 전시공간에서 다양한 작품이 관람객을 기다리고 있습니다.

이곳에 작품판매장이 있지만, 판매보다는 작품전시

김포유리박물관 전경

와 체험학습 프로그램 운영에 더 큰 비중을 두는 것 같습니다. 유리 강의를 듣고 '나만의 유리접시 만들기', '꽃병 만들기' 같은 작품활동을 해볼 수 있습니다. 홈페이지(www.glassmuseum.co.kr)를 통해서 자세한 내용을 알아보세요.

참! 유리박물관 바로 옆에 승마체험장이 있더군요. 아이들 말 태울 수 있는 곳입니다.

## 2부 김포 문화재로 보는 우리 역사

## 김포라는 지명의 유래

고려 공민왕 때였대요. 김포 땅 어딘가에 의좋은 형제가 살고 있었답니다. 어느 날, 형제는 한강 건넛마을에 가려고 나루터로 향했습니다. 가는 길에 동생이 큼직한 금 덩어리 두 개를 주웠어요. 동생은 금덩어리 한 개를 형에게 주고 하나는 자기가 가졌습니다. 사이좋게 하나씩 나눠 가졌습니다.

형제는 다른 손님들과 함께 나룻배에 올랐습니다. 배가 강 중간쯤에 이르렀을 때, 동생이 슬그머니 금덩이를 꺼내더니 강물 속에 던져버렸습니다. 이 모습을 본 형이 깜짝 놀라며 동생에게 이유를 물었답니다. 동생의 대답은 이러했어요.

"황금을 가지면 부자가 되지만, 그리되면 일도 안하고 놀기만 할 것이고 마음속에 더 큰 욕심이 생길 겁니다. 이날 이때까지 서로 믿고 의지하며 살아온 우리 형제인데 금덩이 때문에 의가 갈려 남남처럼 될지도 모릅니다. 그게 걱정이 됐습니다."

형은 조용히 듣고만 있습니다. 잠시 머뭇하던 동생이 말을 계속 이어갑니다.

"아시겠지만 저는 형님을 아주 좋아합니다. 그런데 오늘

제가 주운 금덩이 한 개를 드리고 나니, 저도 모르게 '이 자리에 형님이 없었더라면 금덩이 두 개가 모두 내 몫이었는데…' 하는 아쉬운 마음이 들었습니다. 어느새 못된 욕심이 생겼던 겁니다. 그게 무서웠습니다. 그래서 금덩이를 물에 던져버린 겁니다."
동생의 말을 다 들은 형은 자신의 금덩이를 꺼내 물속에 던졌습니다. 이 모습을 지켜보던 사람들이 모두 놀라며 형제를 칭찬했답니다. 그 후 금덩이를 던진 곳을 '투금포投金浦'라 부르게 되었고 투금포에서 김포金浦라는 지명이 생겨났다고 전합니다.


조선시대의 인문지리서인 『신증동국여지승람』(1530)에 이 이야기가 실려 있는데, 역사적인 사실이라고 하기에는 약간의 무리가 따릅니다. 김포라는 지명이 쓰인 것은 고려 공민왕 때보다 훨씬 일찍부터였으니까요. '김포'가 역사에 처음 등장하는 것은 고구려 광개토왕 때인 396년입니다. 그때의 이름이 검포黔浦였다 합니다. 강물과 바닷물이 드나드는 갯벌이 많아서 '검은 갯 고을'이란 의미로 붙여진 지명 같아요. 검포가 김포가 되는 것은 신라 경덕왕 때인 757년부터입니다.

그렇지만 투금포 이야기가 사실史實이다, 아니다 하는

논의는 별 의미가 없어 보입니다. '투금포' 자체가 잔잔한 감동을 주는 교훈이기 때문입니다. 형제애의 소중함을 일깨워주는 따뜻한 이야기, 물욕의 무서움을 정확히 짚어주는 날카로운 이야기. 투금포 이야기는 김포의 소중한 자산입니다.

쌀, 떡, 밥

오래 전, 김포시 통진읍 가현리 들판에서 신석기시대의 돌도구와 함께 탄화된 볍씨가 발견되었습니다. 연대측정 결과 기원전 2000년 이전의 볍씨라는 사실이 밝혀졌습니다. 이는 한반도에서 제일 이른 시기에 해당합니다. 김포평야가, 우리나라에서 가장 먼저 벼농사가 시작된 곳이라는 주장이 가능해지는 것이죠.

초등학교 사회시간에 '김포평야'를 외우던 기억이 나시는지요? 우리나라의 대표적인 평야가 김포평야였습

한반도 최초 벼 재배지 김포
-조형물

니다. 그러나 지금은 공장에 자리를 내주고, 아파트에 또 내주고 하면서 점차 규모가 줄어들고 있습니다. 앞으로 신도시가 모두 들어서게 되면 더 많은 들판이 사라지겠지요. 그래도 쌀 맛은 여전해서 많은 사람의 사랑을 받고 있습니다.

어떤 책을 보니 '밥이 먼저일까, 떡이 먼저일까'라는 소제목이 있더군요. 호기심이 발동해서 유심히 읽었죠. 결론부터 말해서 선사시대 사람들은 일종의 떡을 먼저 해먹고 나중에 가서야 밥을 할 줄 알게 되었다는 것입니다. 사실 그랬을 겁니다. 밥을 하려면 벼의 껍질을 온전히 벗겨 쌀알을 얻어야 하는데 그게 쉽지 않았습니다. 갈판 위에 볍씨를 올려놓고 갈돌로 갈아서 껍질과 알맹이를 나눴을 테니 알맹이가 가루가 될 수밖에 없지요. 그러니까 물을 부어 죽처럼 끓여 먹던가, 아니면 가루를 쪄서 떡처럼 해먹었겠지요. 또 볍씨를 통째로 살짝 구워 껍질 벗겨내고 쌀알을 먹기도 했을 것입니다.

## 청동기는 합금입니다

구석기시대와 신석기시대 다음이 청동기시대입니다.

석기시대 사람들은 모두 석기를 사용할 수 있었지만, 청동기시대 사람들은 높은 사람들 일부밖에는 청동기를 쓸 수가 없었습니다. 대부분의 사람은 석기시대와 마찬가지로 나무와 돌을 사용했습니다. 돌은 어디서나 쉽게 얻을 수 있지만 청동은 귀한 것이라 구하기가 어려웠기 때문입니다.

전투를 한다고 가정해 봐요. 청동 검을 든 사람은 대장이고 나머지 병사들은 갈아서 만든 돌칼[마제석검]을 들고 싸우는 것이었어요. 농기구도 당연히 석기를 썼습니다. 반달돌칼[반월형석도]이라는 것이 이 시대의 대표적인 농기구입니다. 반달돌칼은 원래 삼각형 모양이었는데 나중에 반달 모양으로 바뀌게 됩니다. 벼 등의 이삭을 훑어 수확하는 농기구인데, 삼각형이나 달은 여성·땅·풍요·다산多產을 의미한다고 하네요[박정근, 163~164쪽].

청동은 합금合金입니다. 광산에서 그냥 자연 청동을 캐는 것이 아니에요. 동銅, 그러니까 구리에다 주석 등을 적절한 비율로 섞어서 만든 것이 청동입니다. 청동액을 거푸집에 부어서 원하는 모양의 청동기를 제작하게 되지요. 거푸집이란 붕어빵 틀처럼 도끼나 검의 모양을 파놓은 것인데 주로 돌로 만듭니다.

수업 중에 아이들이 이런 질문을 하더군요.

① 청동기靑銅器는 파란색인가?

청동기의 앞 글자, 청靑이 푸르다는 뜻임을 알고 한 질문입니다. 청동기는 파란색이 아니죠. 그런데 현대인이 청동기를 처음 발견할 때면 거의 다 파란색을 띠고 있죠. 오랜 세월 구리가 부식되면서 녹이 슨 것인데 그 녹의 색깔이 녹색이나 청색 등 푸른 빛깔을 띠고 있기에 청동기라고 부르게 된 것입니다.

② 왜 복잡하게 합금을 하나, 그냥 동으로 제품을 만들지.

구리에 주석을 섞으면 순동보다 단단해집니다. 더 중요한 이유는 동을 쉽게 녹이기 위해서입니다. 동이 녹는 온도는 1083°C입니다. 당시사람들은 이만큼 높은 온도를 내기가 어려웠어요. 그런데 주석은 232°C면 녹습니다. 동에 주석을 10% 첨가하면 994°C에 녹고 20% 첨가하면 875°C에 녹는다고 합니다[한국사3, 228~233쪽]. 그래서 합금을 했습니다. 참고로 청동기시대 다음이 철기시대잖아요. 왜 철기가 청동기 다음인가? 철은 1539°C에 녹습니다. 동보다 훨씬 높은 온도에 녹기에 나중 시기에 나오게 되는 것입니다.

## 고인돌

고인돌이 본격적으로 제작되는 것은 청동기시대입니다. 청동기시대의 여러 무덤형태 가운데 대표적인 것이 바로 고인돌이죠. 구석기시대와 신석기시대까지는 지배자와 피지배자가 나뉘지 않는 평등사회로 말해집니다. 그런데 청동기시대부터는 부자와 가난한 사람이 구분되고 권력을 가진 지배층과 지배를 당하는 피지배층으로 신분이 나뉘는, 계급사회가 됩니다.

그 증거로 말해지는 것이 고인돌이기도 하지요. 고인돌에 묻힌 모든 사람이 다 지배층이었다고는 할 수 없습니다. 규모가 아주 큰 고인돌의 경우가 여기에 해당하는 것입니다. 덮개돌이 수십 톤에 이르는 경우, 그 안에 묻힐 사람을 위해 수많은 사람이 동원돼서 여러 날 동안 힘든 노동을 해야 합니다. 죽어서도 많은 사람을 동원할 수 있다는 것은 그가 살아 있을 때 사람들을 지배하던 권력자였다는 증거가 되는 셈이죠.

2000년에 우리나라 전남 화순, 전북 고창, 인천 강화도의 고인돌 무리가 유네스코 세계유산위원회(WHC)에 의해서 세계문화유산으로 지정되었습니다. 세계가 우리 고인돌의 역사적 가치를 공인한 것입니다. 그러면 고인돌은 우리나라에만 있는 것인가? 그렇지 않습니다. 세계 여러 나라에 고인돌이 있습니다. 유럽의 몇 나라와 중국의 요동지방, 인도, 인도네시아, 일본 그리고 러시아 일부 지역에도 고인돌이 있답니다.

세계에서 고인돌이 가장 많은 나라가 우리나라입니다. 전 세계 고인돌의 40~50%가 우리나라에 있대요. 북한을 포함한 우리나라의 고인돌은 대략 4만여 기에 이릅니다. 그 가운데 절반가량이 전라남도 지방에 밀집되어 있어요. 전라남도 화순에는 세계에서 제일 큰 고인돌도 있습니다.

이곳 김포에는 김포시 운양동, 양촌면 마산리와 석모리, 통진읍 고정리, 하성면 시암리 등에 수십 기의 고인돌이 분포하고 있습니다.

고인돌이라는 이름은 돌을 고였기 때문에 붙여진 이름입니다. 덮개돌을 받치는 괸 돌[고임돌]에서 유래한 명칭이지요. 이를 한자로 표현하면 지석묘支石墓가 됩니다. 지支는 '지탱하다', '괴다'의 뜻이니까요. 서양 말 켈트어로는 돌멘(Dolmen)이라는 표현을 많이 쓰는데, Dol은 탁자라는 뜻이고, Men은 돌[石]이라는 뜻이랍니다[이영문, 56쪽].

우리나라 고인돌은 지역에 따라 생김새가 다릅니다.

고정리 작은 고인돌

한반도의 북쪽과 남쪽에 있는 고인돌의 모양이 서로 달라서 오랫동안 '북방식 고인돌'과 '남방식 고인돌'로 나뉘어 불렸습니다. 그런데 남쪽 지방에도 북방식이 보이고, 북쪽 지방에도 남방식이 존재하기 때문에 명확하게 경계선을 긋기 어렵습니다. 더구나 강화도 같은 곳에는 한 공간에 남방식과 북방식이 함께 뒤섞여 있기도 합니다. 그래서 요즘은 고인돌의 생김새에 따라 탁자식·바둑판식·개석식으로 구분하여 부르는 경향이 강합니다.

탁자식卓子式은 책상처럼 생겼다고 해서 붙여진 이름

인데 북방식이라고도 합니다. 받침돌[굄돌] 네 개를 세워 지상에 무덤 방을 만들고 그 위에 덮개돌을 얹은 형태입니다. 바둑판식은 말 그대로 바둑판처럼 생겼는데 한자로 바둑 기碁자를 써서 기반식碁盤式으로도 부릅니다. 물론 남방식이라고도 하고요. 바둑판식 고인돌은 지하에 무덤방을 만들고 높이가 낮은 받침돌 여러 개를 놓은 뒤 그 위에 덮개돌을 얹은 형태입니다. 개석식은 지하에 무덤 방을 만들고 그 위에 바로 덮개돌을 덮은 것입니다. 받침돌이 없어서 전문가가 아니면 고인돌인지 아닌지 알기 어려운 모습이지요.

### 삼국시대의 김포

한강없는 서울을 생각해 보세요. 얼마나 삭막하겠어요. 만약 한강이 없었다면 서울은 서울이 되지 못했을 겁니다. 한반도의 중심을 흐르는 한강은 물을 공급하여 기름진 평야를 만들었습니다. 육지 교통이 불편하던 옛날, 수많은 배가 각종 물품을 실어 나르던 교통의 중심이었습니다. 한강을 따라 내려가면 서해입니다. 이곳은 중국과 직접 연결되는 중요한 교역로이기도 했습니다.

긴긴 한강이 종착역에 이를 때쯤에 김포를 만납니다. 김포에서 바다를 만나 하나가 됩니다. 그리고 새로운 세상으로 나아갑니다.

삼국시대에 고구려 백제 신라가 있었습니다. 가야라는 나라도 한반도 남부에서 몇 백 년을 살았지만 사국시대라는 말은 쓰지 않습니다. 고구려·백제·신라 가운데 제일 강했던 나라는 어디일까요? 이런 바보 같은 질문을….

종합적으로 볼 때, 고구려의 손을 들어주고 싶습니다. 그러나 언제나 고구려가 강했던 것은 아닙니다. 최종 승리의 주인공은 신라였으니까요.

대략 4세기경에 한반도에서 제일 강했던 나라는 백제였습니다. 당시 근초고왕(346~375)은 막강한 힘을 과시했었지요. 고구려 평양성으로 쳐들어간 근초고왕은 고구려 왕을 전사하게 합니다. 치명적인 패배와 국왕의 죽음이라는 우환을 만난 고구려는 그야말로 위기였습니다.

위기에 빠진 고구려를 구한 이는 소수림왕(371~384)입니다. 그는 율령을 반포하고 불교를 공인하면서 나라를 튼튼히 다져 광개토왕(391~412)이 영토를 넓힐 수 있는 기반을 마련해 줍니다. 광개토왕의 아들 장수왕(413~491)

역시 고구려의 힘을 세상에 과시하면서 남쪽으로 영토를 확장합니다. 이때가 5세기입니다. 5세기는 고구려의 전성기였습니다.

6세기는 신라의 몫입니다. 지증왕(500~514)이 나라 이름을 처음으로 신라新羅라고 하면서 체제를 정비합니다. 법흥왕(514~540)은 고구려 소수림왕처럼 나라를 흔들림없이 단단하게 만듭니다. 그리고 진흥왕의 영토확장이 시작되는 것이지요. 진흥왕(540~576) 때는 한강유역을 완전히 장악하게 됩니다. 이건 중요한 의미가 있습니다. 한강을 통하여 중국과 직접 맞닿을 수 있게 되었으니 말입니다. 신라가 혼자의 힘으로 통일을 이룬 것이 아니고 당나라를 끌어들여 이룬 통일임을 우리는 압니다. 만약 진흥왕 때 한강을 차지하지 못했다면 통일의 과정은 크게 달라졌을 것입니다.

한강은 삼국이 가장 치열하게 다투던 지역입니다. 이곳을 차지한 나라는 예외없이 전성을 누리게 됩니다. 제일 처음 한강을 차지한 나라는 백제였습니다. 온조가 도읍 한 곳이 지금의 서울이었으니까요. 백제는 차근차근 서쪽으로 영역을 넓혀 김포를 지나 강화도까지 차지하게 되었습니다. 5세기가 되면 백제가 공주로 도읍을 옮겨 가죠. 고구려에 한강을 빼앗겼기 때문입니다. 이때부

문수사 비로전[통일신라 때 건립]

터 김포 역시 고구려의 영역이 됩니다. 그러다가 진흥왕의 신라가 한강을 차지하면서 다시 김포의 주인이 신라로 바뀌게 되지요.

고구려가 차지하고 있던 김포를 곧바로 신라가 차지한 것은 아닙니다. 두 해 정도 백제가 장악하고 있다가 신라에 빼앗긴 것입니다. 무슨 말이냐고요?

당시 백제의 왕은 성왕(523~554)입니다. 몰락해 가는 백제를 다시 일으키려 했던 임금이지요. 신라는 진흥왕이었고요. 성왕과 진흥왕은 힘을 합해서 고구려를 쳐 승리

합니다. 신라는 한강상류를 얻었고, 백제는 김포를 포함해서 한강하류 지역을 회복하게 됩니다. 두 나라 모두 기뻤지만 감격은 백제가 훨씬 컸겠죠.

그런데 진흥왕이 성왕을 배신합니다. 몰래 군사를 일으켜 백제 영역이 된 한강하류를 점령해버린 겁니다. 성왕은 분노했지요. '머리에 피도 마르지 않은' 진흥왕에게 배신당하고 한강하류를 잃었으니 얼마나 화가 났겠어요. 성왕은 신라를 치려고 군대를 일으킵니다. 신라와 백제의 운명이 걸린 중요한 싸움이었습니다. 이 싸움에서 성왕은 전사하고 맙니다. 다시 일어설 수 있었던 백제가 주저앉고 마는 순간입니다.

김포는 삼국시대에 백제 영토였다가 고구려 영토가 되었다가 다시 백제 땅이 되었다가 마지막에는 신라 땅이 되었던 것입니다. 그럴 때마다 이곳은 치열한 격전의 현장이었을 겁니다. 김포 수안산성 같은 석성과 여러 토성이 당시 전쟁의 무대가 되었을 겁니다. 삼국시대 김포 사람들은 아버지의 나라와 아들의 나라가 다를 수밖에 없는 경험을 해야 했습니다. 한평생 김포 땅을 벗어나지 않고 살면서도 고구려·백제·신라 세 나라를 섬겨야 했던 사람들이 여기 있었습니다.

## 고려시대의 김포

고려시대 전기에 김포지역에는 5개의 현이 있었습니다. 5현 체제는 이미 통일신라시대에 마련되어 있었는데 일부 현의 명칭만 바뀌어 고려까지 지속됩니다. 우선 아래의 표를 잠깐 보지요.

| 통일신라 | 고려 전기 | 고려 말 |
|---|---|---|
| 수성현戌城縣 | 수안현守安縣 | 통진현通津縣 |
| 동성현童城縣 | 동성현童城縣 | |
| 분진현分津縣 | 통진현通津縣 | |
| 김포현金浦縣 | 김포현金浦縣 | 김포현金浦縣 |
| 공암현孔巖縣 | 공암현孔巖縣 | 양천현陽川縣 |

다섯 개의 현이 고려 말에 오면 세 개로 통합됨을 알 수 있습니다. 수안과 동성이 통진에 속하게 된 것이지요. 이때부터 통진·김포·양천 모두에 수령이 파견됩니다. 지금까지는 김포현에만 지방관[현령]이 파견됐습니다. 사실 고려시대에는 전국의 모든 군현에 지방관이 파견된 것이 아닙니다. 중앙집권체제가 완전히 갖춰지지 않

앉기에 지방은 거의 향리라는 사람들에 의해 통치됐습니다. 지방관이 파견된 현을 주현이라 했고 파견되지 않은 곳은 속현이라 했습니다.

김포현은 지금의 김포시내와 고촌 그리고 검단지역 쯤 됩니다. 검단면은 1995년에 인천으로 편입되었습니다. 공암현은 지금의 서울 강서구 지역입니다. 통진현은 통진읍과 월곶면, 동성현은 하성면, 수안현은 양촌면과 대곶면 지역이고요.

여기서 그냥 조선시대 이후까지 계속 훑어보는 게 좋을 것 같네요.

조선시대가 되면 속현이 사라지게 됩니다. 모든 현까지 중앙에서 지방관을 파견하여 다스리게 했다는 이야기죠. 김포지역은 통진현·김포현·양천현으로 경계가 확정됩니다. 통진이 규모가 제일 컸고 그 다음이 김포, 마지막이 양천이었습니다.

1632년(인조 10)에 김포현이 김포군金浦郡으로 승격되고, 통진현은 1694년(숙종 20)에 통진부通津府로 승격됩니다. 김포현이 군이 된 것은 장릉을 모시게 된 결과였고 통진현이 부가 된 것은 문수산성 축성의 결과입니다. 문수산성을 담당해야 할 관청으로서의 격을 갖춰야 하기 때문에 부로 승격이 된 것입니다.

문수사 석탑(고려시대)

1895년(고종 32), 전국의 읍격邑格을 군郡으로 일원화함에 따라 통진·김포·양천이 모두 군이 되었습니다. 통진군·김포군·양천군, 이렇게요. 그러다가 일제강점기에 통진군·김포군·양천군이 하나로 통폐합되어 김포군이 된 것입니다. 이후 양천지역이 서울로 흡수됩니다. 그래서 지금의 김포시는 조선시대의 통진지역과 김포지역이 합해진 것으로 볼 수 있습니다. 김포군이 시市로 승격한 것은 1998년입니다. 2008년 현재 김포시에는 4동·1읍·5

면이 있습니다. 김포1동·김포2동·사우동·풍무동·통진읍·양촌면·고촌면·대곶면·월곶면·하성면이죠.

자, 다시 고려시대로 되돌아갑니다.

김포는 고려의 수도 개성과 물길로 닿아 있습니다. 그래서 전국에서 몰려드는 조운선들의 왕래가 빈번하던 곳입니다. 몽골의 침략 때 고려정부는 수도를 강화도로 옮깁니다. 강화도는 수십 년간 고려의 서울이었습니다. 김포는 강화도와도 맞닿아 있습니다. 수도와 인접해 있는 지역은 문화의 전파라는 측면에서 이로운 바가 있습니다. 양천 허씨를 비롯한 많은 김포지역 사람이 과거에 급제하여 유능한 관리가 됩니다. 아마 김포에서 개성으로 유학 가는 사람들도 많았을 겁니다. 김포는 개성과 가까움으로써 이로운 면이 분명히 있었습니다.

그러나 다른 지역보다 더 큰 고통을 겪어야 하는 일도 많았습니다.

우선 13세기 몽골의 침략 때는 몽골군의 말발굽에 수없이 유린당해야 했습니다. 몽골군은 강화도가 섬이기에 쳐들어가지 못하면서도, 자주 강화도 앞 해안 그러니까 김포 땅 끝까지 오가곤 했습니다. 빤히 건너다보이는 강화도를 짓밟지 못하는 울화를 어디에 풀었겠습니까. 고려시대 김포지역 백성은 몽골군의 못된 짓에 깊이 신음해야 하는 일이 많았을 겁니다. 그들이 진을 치고 오랫동안 머물 때는 하루를 일 년처럼 살았을 겁니다.

14세기에는 몽골보다 더한 왜구의 침략을 겪어야 했습니다. 김포는 전국의 조운선이 개성으로 향하는 길목이기에 조운선을 노리는 왜구들의 침략을 자주 당했습니다. 넓은 평야가 있는 곡창지대이기에 그 자체가 노략질의 대상이 되기도 했습니다. 왜구들은 보이는 대로 빼앗고, 불 지르고, 죽이면서 김포를 참혹하게 짓밟았습니다. 김포 땅을 침략한 왜구들이 '가는 곳마다 아무것도 남지 않았다'는 『고려사』의 기록에서 그들의 만행이 어느 정도였을지 짐작할 수 있습니다.

### 조선 정치형태의 변화

훈구정치기(15세기) → 사화 → 붕당정치기(사림정치기, 16·17세기) → 탕평정치기(18세기) → 세도정치기(19세기)

조선의 정치형태를 흐름에 따라 구분해 보면 위와 같이 됩니다. 훈구정치, 붕당정치 같은 용어가 학술적으로 통일된 것은 아닙니다. 또 세기별로 똑똑 떨어지게 구분되면서 정치의 모습이 바뀐 것도 아닙니다. 그냥 여러분의 이해를 도우려고 단순화해 본 것입니다.

잠시 후에, 김포 한재당에 모셔진 이목 선생이 죽임을 당한 사건인 무오사화라는 것에 대해 말씀드릴 것입니다. 그런데 곧바로 무오사화를 말하는 것보다 조선정치의 흐름을 간략하게 살펴보고 그 속에서 사화라는 사건을 들여다보는 것이 더 좋은 공부가 될 것 같다는 생각을 했습니다. 이제부터 그 흐름을 따라가 보도록 하지요.

고려 말에 등장한 새로운 개혁세력을 신진사대부라고 부릅니다. 정몽주·정도전과 같은 학자들이 그들입니다. 정몽주는 고려의 모순을 바로잡으려고 했습니다. 고려의 신하로서 고려에 대한 충성을 다하려고 했습니다. 정도전은 고려를 무너뜨리고 새 왕조를 세우는 데 앞장섭니다. 조선을 세운 이성계에게 정도전은 가장 소중한 사람이었습니다.

신진사대부 가운데 정도전을 따라 조선건국에 참여한 사람들이 개국공신이 되어 조선의 지배층이 되었습니다. 그들을 훈구파라고 부릅니다. 단종을 제거하고 왕자리를 빼앗은 세조는 자신이 즉위하는 데 공을 세운 사람들을 공신으로 우대합니다. 이때 지배층의 성격이 바뀌기는 하지만 그냥 이들도 훈구파로 부르기로 합니다.

한편 정몽주는 고려신하임을 포기하지 않다가 이방

선죽교(북한 개성) 고려 말, 정몽주가 이방원 세력에게 죽임을 당한 곳

원에게 죽임을 당했습니다. 정몽주의 뜻을 따르는 많은 신진사대부가 정치를 포기하고 고향으로 내려가 학문 활동에 전념합니다. 이들을 사림파라고 부릅니다. 중앙에는 훈구파, 지방에는 사림파, 뭐 이런 양상을 보이게 되는 겁니다.

시간이 흐르면서 지방의 사림들이 중앙정계에 진출하기 시작합니다. 사림들은 훈구세력의 비리를 비판하면서 조정에서 대립하게 됩니다. 훈구와 사림의 대립이 점점 심각해지면서 마침내 충돌이 일어나게 됩니다. 몇 번의 충돌에서 커다란 피해를 보는 세력은 사림이었습니다. 많은 사림이 죽임을 당하거나 귀양에 처해졌습니다. 이를 역사에서 사화라고 합니다. 사림들이 화를 당했다고 해서 사화士禍라고 하는 것이죠.

거듭되는 사화에도 불구하고 마침내 사림이 정권을 잡게 됩니다. 대략 선조(1567~1608) 때쯤 됩니다. 그런데 조정의 주인공이 된 사림들이 학문관의 차이 등등으로 말미암아 두 세력으로 나뉘어 대립하기 시작합니다. 동인과 서인이 그것입니다. 이후 동인은 남인과 북인으로, 서인은 노론과 소론으로 분열합니다. 이게 바로 당쟁이라는 것입니다. 요즘은 당쟁이라는 표현보다는 붕당정치라는 말을 많이 씁니다.

붕당정치는 나쁜 것이 아닙니다. A당과 B당이 서로를 공생해야 할 파트너로 인정하면서 상대의 잘못을 비판하고 견제하고, 또 싸울 때 싸우면서 조화의 정치를 이뤄가는 것입니다. 현대 민주주의에서 흔히 말해지는 '견제와 균형의 원리'가 조선시대 붕당정치에서 이루어지고 있던 것입니다.

세월이 흘러 붕당정치가 문제점을 드러내기 시작합니다. 상대 당을 인정하지 않는 일당독재의 행태가 나타나기 시작한 것입니다. 견제없는 정치는 썩기 마련입니다. 그래서 영조(1724~1776)와 정조(1776~1800)라는 능력있

문수산 풍담대사비(조선시대)

는 임금이 탕평정치를 시행하게 됩니다. 탕평정치는 당파에 얽매이지 않고 인재를 고루 뽑아 쓰는 정치형태를 의미합니다.

정조가 죽고 나이 어린 순조(1800~1834)가 즉위하면서 외척가문이 정권을 독차지하는 세도정치기 시작됩니다. 안동 김씨 등 특정가문이 정권을 마음대로 주무르던 세도정치는 헌종(1834~1849)·철종(1849~1863) 때까지 계속됩니다. 철종 다음 임금은? 고종(1863~1907)이죠. 고종의 아버지가 흥선대원군입니다.


연산군의 칼바람, 무오사화

 사화는 크게 보아 네 번 있었습니다. 무오사화(1498, 연산군 4), 갑자사화(1504, 연산군 10), 기묘사화(1519, 중종 14), 을사사화(1545, 명종 1)입니다. 연산군 때 끔찍한 피바람이 두 번이나 일었습니다. 그 첫번째가 무오년에 벌어진 무오사화입니다.

 사화를 한자로 士禍로 쓴다고 했습니다. 그런데 무오사화는 '史禍'라고도 합니다. 왕조실록에 실리게 될 역사 기록인 사초史草가 직접적인 원인이 되었기 때문이지요. 그 내막이 이러합니다.

 성종(1469~1494)이 죽고 그의 아들 연산군(1494~1506)이 즉위했습니다. 그래서 『성종실록』을 펴낼 준비를 하게 됩니다. 왕조실록은 해당 왕이 죽은 뒤에 춘추관이라는 기관에서 실록청을 설치하고 평소 사관史官들이 기록했던 사초 등을 모아서 쓰게 됩니다.

 이극돈이라는 이가 『성종실록』 편찬 책임자로 임명되었습니다. 그는 사림 김일손이 쓴 사초 가운데 자신의 비리를 기록한 게 있다는 걸 알게 됩니다. 이극돈은 가슴이 덜컹 내려앉았을 겁니다. 만약 그 사초가 그대로 실록에 실리면 영원히 손가락질을 받아야 할 테니까요. 그래서 김일손에게 문제의 기록을 삭제하라고 요구했다가 거절당하고 맙니다.

이극돈은 이 사초를 배당받은 성중엄에게 압력을 가해 실록에 싣지 못하게 합니다. 실록작업에 참여하고 있던 또 다른 사람, 이목이 그 사실을 알았습니다. 이목은 성중엄에게 경고했어요. 이극돈의 비리를 밝혀놓은 김일손 사초를 그대로 실록에 실으라고. 그렇지 않으면 이극돈이 당신 성중엄에게 가한 협박내용까지 모두 실록에 기록하겠다고.

다급해진 이극돈은 훈구대신들과 힘을 합쳐 김일손이 쓴 다른 사초들을 검토하면서 시빗거리를 찾기 시작합니다. 여기서 문제가 된 것이 바로 '조의제문弔義帝文'입니다. 조의제문은 김일손·이목 등의 스승인 김종직이 지은 글인데 이걸 김일손이 사초로 기록하여 남겼던 것입니다.

조의제문은 의제를 조문하는 글이라는 뜻입니다. 의제는 항우에게 죽임을 당한 초나라 회왕懷王을 말합니다. 회왕의 죽음을 애도하고 그를 죽인 항우를 비판하는 글

이목 선생 묘역

이지만 사실은 세조의 왕위찬탈을 비판하는 내용으로 해석될 수 있는 글이기도 했습니다. 회왕은 단종을, 항우는 세조를 비유한 것으로 볼 수 있는 것이니까요.

훈구세력은 연산군에게 조의제문을 알렸습니다. 세조는 연산군의 할아버지입니다. 할아버지의 왕위찬탈을 비판하는 것은 결과적으로 연산군 자신에 대한 도전으로 받아들여질 수 있는 것이었습니다. 연산군은 김종직을 사형에 처합니다. 이미 죽은 고인이었기에 관을 깨고 시신의 목을 다시 치는 부관참시 형을 내렸습니다.

그리고 김종직의 제자들에 대한 대대적인 형벌이 내려집니다. 김일손·권오복·이목 등이 이때 사형을 당하게 됩니다. 그리고 많은 사람이 귀양형에 처해졌습니다.

사화시대의 사람들 가운데는 혀에 칼이 들어 있는 이들이 적지 않았던 모양입니다. 내 혀에는 칼이 없는지, 없었는지 생각해 봅니다. 어떤 시인은 '나의 혀에는 풀잎이 들어 있다'고 했습니다.

### 자헌대부? 숭정대부?

한 인물의 평생을 기록한 비문을 보면 여러 가지 벼슬이름이 나옵니다. 「중봉 조공 유허 추모비」에는 조헌 선생에게 자헌대부資憲大夫 벼슬이 내려졌다고 나오고, 양성지 신도비에는 양성지 선생이 숭정대부崇政大夫였다는 기록이 있습니다.

무슨, 무슨 대부라는 것이 참 많습니다. '숭정대부는 어떤 일을 하던 관직일까?'라고 물었다면 이 질문은 약간 잘못된 것입니다. 숭정대부는 구체적으로 어떤 직책을 맡는 관직이 아니라 품계의 높낮이, 그러니까 계급서열을 말하는 것입니다. 관등 같은 것이지요. 관등은 소위·중위·대령·중령 같은 계급을 말합니다. 관직은 소대장·중대장 같은 직책입니다. 군대에서 작대기 세 개 단 상병이 취사병 일을 하고 있다면 그의 관등은 상병이요, 관직은 취사병입니다.

조선시대의 품계는 정1품부터 종9품까지 18단계로 구성되어 있습니다. 종4품까지가 '-대부大夫'이고 정5품부터는 '-랑郎'입니다. 위에서 예를 든 자헌대부는 정2품이고, 숭정대부는 종1품입니다. 정1품부터 정3품 통정대부通政大夫까지를 당상관이라고 부르고, 역시 정3품인 통훈대부通訓大夫 이하는 당하관이라고 합니다. 제일 높은 정1품은 대광보국숭록대부大匡輔國崇祿大夫, 상보국숭록대부上輔國崇祿大夫, 보국숭록대부輔國崇祿大夫입니다. 굉장히 낯설죠? 사실은 저도 그래요.

이제, 관직을 알아보죠. 영의정, 이조판서 이런 게 바로 관직입니다. 의정부는 나라의 거의 모든 일을 맡아보는 최고의 기구로 영의정이 수장입니다. 영의정은 지금의 국무총리와 비슷한데 바로 밑에 좌의정과 우의정이 있어요. 이들 삼정승은 모두 정1품입니다. 육조에서는 판서가 제일 높죠. 지금의 장관인 판서들은 모두 정2품으로 굳이 서열을 나누자면 이조판서, 호조판서, 예조판서, 병조판서, 형조판서, 공조판서 순이 됩니다.

이조는 관리임용과 승진업무, 호조는 세금을 비롯한 나라 살림, 예조는 각종 의례와 외교 그리고 과거업무, 병조는 군사와 국방, 형조는 법률관련, 공조는 토목건설

조헌 선생 유허추모비

담당입니다. 지금의 서울시장인 한성부 판윤도 정2품입니다.

한편 관리들에 대한 감찰업무를 맡은 사헌부의 수장 대사헌은 종2품이었고, 임금의 잘못에 대한 비판업무를 주로 하던 사간원의 수장 대사간은 정3품이었습니다. 사헌부와 사간원은 홍문관과 함께 3사로 불리면서 왕권의 비대화를 견제하는 역할을 하기도 했습니다. 그러니까 지금 국회가 하는 일과 유사한 점이 있는 것이죠.

지방은 여덟 개의 도로 나뉘었습니다. 도의 수장 그러니까 지금의 도지사는 관찰사[종2품]였습니다. 도에는 부·대도호부·목·도호부·군·현과 같은 행정구역이 설치되었습니다. 부를 통치하는 지방관을 부윤[종2품]이라 했고, 대도호부는 대도호부사[정3품], 목은 목사[정3품], 도호부는 도호부사[종3품], 군은 군수[종4품]라고 했습니다. 하위 행정구역인 현에는 지역의 크기나 성격에 따라 현령[종5품]이나 현감[종6품]이 파견되어 백성을 다스렸습니다. 조선시대 부·목·군·현의 수는 대략 330개 정도였습니다.

### 임진왜란에 대한 몇 가지 궁금증

임진왜란은 1592년(선조 25)부터 1598년(선조 31)까지 7년간 계속되었던 조선과 일본의 전쟁입니다. 일본의 침략이 시작된 해가 임진년이기에, '임진년에 일어난 왜인들의 변란' 정도의 의미를 담아 임진왜란이라고 부릅니다. 그러나 이 전쟁은 변란 정도의 가벼운 충돌이 아니었습니다. 나라가 절단 날 뻔 했던 위기였습니다.

임진왜란과 관련된 몇 가지 궁금한 내용을 풀어보도록 하지요.

▲ 일본은 왜 쳐들어왔나?

도요토미 히데요시의 정복욕과 그의 정권유지 차원에서 일으킨 전쟁으로 말해집니다. 도요토미는, 조선은 물론 명나라까지 치겠다고 공언했습니다. 동북아의 국제질서를 새롭게 세우겠다는 야망을 품고 있었습니다. 망상이라고 해야 할 그의 야망 때문에 너무나 많은 사람이 지옥보다 더한 고통을 겪었습니다. 너무나 많은 이가 죽었습니다.

도요토미가 자신의 정권을 유지하려고 일으킨 전쟁이라는 말도 타당합니다. 임진왜란 전의 일본은 여러 나라로 쪼개져 서로 싸우던 전국시대였습니다. 전국시대의 혼란을 수습하고 일본 통일을 완성한 사람이 도요토미입니다. 통일은 평화를 의미하기에 사람들이 기뻐합니다. 그러나 예나 지금이나 전쟁을 통해 이익을 보는 집단이 있기 마련입니다. 전국시대의 일본무사들은 정말 잘 나가는 사람들이었습니다. 몸값도 비쌌겠죠. 그러나 통일된 일본 땅에서 무사들의 가치는 땅에 떨어집니다. 불만 가득한 그들의 칼끝이 도요토미를 향하게 되면 몹시 위험합니다. 그들의 칼끝을 조선으로 돌려놓아 정권을 안정시키려고 했다는 말에 일리가 있습니다.

그러나 전쟁의 원인은 내부에 있습니다. 우리 조선의 국방력이 너무 약했기 때문에 일본군의 침략을 당할 수밖에 없었다는 이야기입니다. 일본인은 용의주도하고 치밀합니다. 오래전부터 '간첩'을 이용하여 조선의 정세와 국방력 등을 면밀하게 관찰했습니다. 그리고 '아하, 이 정도라면 쉽게 이길 수 있다' 확신했기 때문에 싸움을 걸어왔던 것입니다. 우리가 국방을 튼실하게 유지하고 있었다면 그들은 절대로 쳐들어오지 못했을 겁니다.

▲ 초반에 조선군이 허망하게 무너진 이유

우리 민족은 참으로 많은 외적의 침략을 이겨내며 살아왔습니다. 고조선부터 삼국시대 그리고 고려시대에 이르기까지 전쟁은 계속됐습니다. 그런데 조선 초기에는 큰 전쟁이 없었습니다. 태조 이성계가 조선을 세운 1392년부터 임진왜란이 일어나는 1592년까지 200년 세월 동안 평화가 지속된 것입니다. 물론 북쪽 국경에서 여진과의 충돌이 빈번했고, 왜구들도 심심치 않게 출몰했지만 전면적인 전쟁으로 확대되지는 않았습니다. 오

임진왜란 행주대첩비[행주산성]

랜 기간의 평화가 지배층과 백성 모두를 해이하게 만들었습니다. 특히 왕을 비롯해 나라를 이끌어가던 조정 관료들의 무사안일이 큰 문제였습니다.

백성들의 세금부담 가운데 군역이라는 것이 있습니다. 일정 기간 교대로 군대복무를 해야 하는 것이지요. 그런데, 이 군역제도가 임진왜란 전에 이미 군포제도로 바뀌어 있었습니다. 직접 군대에 나가 군인이 되는 것이 아니라 군포 그러니까 옷감을 내는 것으로 대신하게 된 것입니다. 나라에서는 백성에게 받은 군포로 새로운 군인을 뽑아야 하는 게 원칙인데, 원칙은 잘 지켜지지 않았습니다. 서류상으로 존재하는 군인이 실제로는 존재하지 않는 현상이 벌어지고 있을 때, 왜군이 부산에 상륙하게 된 것입니다.

어쩌다가 나라에서 성을 쌓으라고 명해도 그 명령이 제대로 실행되지 않았습니다. 수령들이 제대로 움직이지 않았고 또 대부분의 백성 역시, '누가 쳐들어온다고, 무슨 전쟁이 난다고, 쓸데없이 이런 일을 시키나' 하는 생각을 했습니다.

▲조총이라는 것

전쟁 초반 조선군이 너무 쉽게 무너진 이유 가운데 일본군이 들고 들어온 조총鳥銃을 빼놓을 수 없습니다. 나는 새도 맞춘다고 해서 이름이 조총입니다. 화승총火繩銃이라고도 불리는 조총은 조선군에게 공포의 대상이었어요. 아마도 6·25전쟁 때 북한군이 밀고 내려온 탱크를 보고 놀라던 국군과 비슷했을 겁니다.

일본군이 조총을 갖게 된 것은 1543년입니다. 임진왜란이 일어나기 약 50년 전이죠. 포르투갈 상인에게서 구입했는데, 곧 자체적으로 제작하게 되면서 빠른 속도로 보급됩니다. 전투가 계속되던 전국시대였기 때문에 조총의 수요가 폭발적이었습니다. 임진왜란이 시작되고

1년쯤 지나면서 조선군도 조총으로 무장하게 됩니다. 일본군에게 빼앗은 조총을 분석해 보고 조선 조총을 제작할 수 있게 되었던 것이지요.

전쟁이 소강 국면으로 들어서던 1593년 8월, 조선조정은 훈련도감을 설치합니다. 일종의 직업군인제로 운영되는 새로운 군대였습니다. 훈련도감의 군대는 포수砲手·살수殺手·사수射手 이렇게 세 분야로 구성되었습니다. 사수는 우리의 특기인 활을 쏘는 부대이고, 살수는 창과 검으로 적과 백병전을 치르는 부대입니다. 포수는 조총으로 무장한 부대였습니다.

사실 조총은 임진왜란 전에 조선에 들어왔습니다. 1589년, 그러니까 일본이 쳐들어오기 3년 전에 대마도에서 조총 몇 점을 선조에게 바쳤다고 합니다. 그런데 선조 임금은 조총의 위력을 알아보지 못했습니다. 그냥 낯선 장난감 정도로 무시했던 것 같습니다. 만약 그때 조선정부가 조총의 성능과 가치를 정확히 알고 준비했다면 전쟁의 양상이 또 달라졌을 겁니다.

왜군들의 조총 성능이 어느 정도인지 궁금해서 자료를 뒤져봤습니다.

조총의 길이 : 135cm 내외

유효 사정거리 : 100m~200m

최대 사정거리 : 500m 이상

실제 명중이 정확한 거리 : 50m

1분당 사격 가능 횟수 : 4발 정도[이왕무, 120쪽]

▲ 명나라가 조선을 도와준 이유

조선이 명에게 고마움을 느껴야 하는 것은 당연합니다. 어려울 때 군대를 보내주고 적을 막는데 어느 정도 이바지한 점을 감사해야 합니다. 그러나 당시의 조선지배층은 너무 심하게 고마워했습니다. 마치 명이 조선을 끔찍하게 아끼고 사랑해서 구해준 것처럼 여기며 머리를 조아렸습니다. 그러면서 명에게 머리 덜 숙인다며, 딴 생각한다며 임금 광해군을 거꾸러뜨리는 '쿠데타'를 일으킵니다.

명이 조선을 도운 것은 전적으로 명 자신의 이익을 위해서입니다. 처음에 명은 조선을 의심했습니다. 믿기지 않을 만큼 빠르게 일본군이 밀고 올라오자, 조선군이 대책없이 무너지기만 하자, 조선이 일본과 짜고 일부러 패해주는 게 아닌가 의심했습니다. 그러나 조선의 현실을 알게 되면서 수만 명의 원군을 보내줍니다.

임진왜란을 일으킨 도요토미 히데요시(풍신수길)의 오사카 성

 어차피 일본과 붙을 전투입니다. 가만히 있다가 자기 땅에서 붙는 것보다는 조금 앞으로 나가 조선 땅에서 전투를 벌이는 것이 여러모로 유리합니다. 수도인 북경이 조선국경에서 가까워서 더욱 그렇습니다. 명나라 땅이 전쟁터가 되면 지거나 이기거나 간에 전쟁지역이 황

폐해지고 백성이 죽을 것입니다. 군량도 모두 스스로 해결해야 합니다.

그러나 조선에서 싸우게 되면 그럴 걱정이 없습니다. 군사들의 식량은 조선이 책임지게 될 것입니다. 또 조선의 명에 대한 '충성심'을 강화시키며 조선의 내정도 마음대로 주무를 수 있을 것입니다. 이게 명이 조선을 도운 이유입니다.

실제로 조선은 명군에게 식량을 공급하기 위해 가혹한 고통을 겪어야 했습니다. 전쟁 중이라 식량생산이 어려운데다가 가뭄까지 극심하여 굶어 죽는 백성이 수없이 많았습니다. 유성룡은 굶어 죽은 엄마의 젖을 빨며 우는 아이를 보고 비탄의 눈물을 흘렸습니다.

차라리 죽을 바에야 조총에 당하는 것이 낫습니다. 한순간의 아픔만으로 모든 걸 끝낼 수 있을 테니까요. 굶어서 죽기까지 그 긴긴 고통을 생각하면 참으로 가혹합니다. 그래도 조선조정은 명군의 식량을 댔습니다.

이런 일이 있었답니다.

명나라 군인 한 사람이 술에 취해 비틀대며 걷는 모습을 수많은 조선 백성이 바라보고 있습니다. 비틀대던 군인이 드디어 멈추어 섰습니다. 사람들의 눈빛이 빛나기 시작합니다. 멈춰 선 군인이 구토를 시작하자 사람들이 몰려들어 흙 땅에 머리를 박은 채 토해 놓은 찌꺼기를 핥아먹고 있습니다. 힘이 부쳐 그 자리에 끼지 못한 사람들은 옆으로 밀려나 눈물을 흘리고 있습니다. 흙에 섞인 구토물을 먹고 있는 이들이 부럽기만 합니다.

…….

명나라 군사가 취하도록 마신 술은 쌀로 빚은 걸 겁니다. 그 쌀은 조선에서 제공한 군량미였을 것입니다.

▲ '항왜降倭'라는 사람들

'항왜'란, 전쟁 중 조선에 항복한 왜군을 말합니다. 그들의 의사와 관계없이 포로가 된 사람들이 아닙니다. 스스로 판단하고 결심해서 항복한 사람들입니다. 1만이 넘는 왜군들이 일본을 버리고 조선을 택했습니다. 조선군에게 밀리면서 자신감을 잃은 경우, 배고픔을 이기지 못한 경우 등 그 사연도 다양합니다.

그런데 전쟁이 일어나자마자 바로 항복한 왜군들도 많았습니다. 대부분 병졸이었지만, '사야가' 같은 장수들도 있었습니다. 임진왜란은 도요토미가 전국을 통일하고 일으킨 전쟁이라고 했습니다. 도요토미와 적대 관계에 있던 세력들은 강제로 동원된 '조선정벌'에 불만을 품었습니다. 조선을 쳐야 할 명분도 이유도 찾을 수 없었

습니다. 그동안 조선을 선망하던 사람들은 더더욱 조선
에 대한 공격이 내키지 않았습니다. 자신의 의사와는 무
관하게 조선으로 향하는 배에 올라야 했던 왜군 중에 항
복을 이미 결심해버린 사람들이 적지 않았던 것입니다.
[KBS 역사스페셜, 299~300쪽]

'항왜'들은 항복 후 조선군에 편성되어 왜군과 싸우
기도 했습니다. 명량해전 당시 이순신의 전투선 안에도
'항왜'가 타고 있었다고 합니다. 조선이 짧은 기간에 조
총을 만들 수 있었던 것도 그들의 도움이 있었기 때문입
니다.


### 조선의 대학자 양성지

양성지는 조선 세종(1418~1450) 대부터 성종(1469~1494)
대까지 활약했던 대학자이자 관료입니다. 고등학교 국
사교과서에는 양성지 등이 「동국지도」를 편찬했다고만
나와 있습니다. 전에 쓰던 교과서에는 「팔도도」를 제작
했다는 내용이 실려 있을 뿐이고요. 그래서 저는 양성지
라는 인물이 '지리학자'인 줄 알았습니다.

그런데 김포에 양성지 선생을 모신 대포서원이 있는

양성지 묘

인연으로 그분에 대한 자료를 찾아보게 되었고, 그 결과 지리뿐 아니라 역사·문학·병법·의학 등 다방면에 걸쳐 뛰어난 업적을 남긴 인물임을 알게 되었습니다. 물론 성리학에 대한 소양도 빼놓을 수 없지요.

양성지는 1441년(세종 23)에 과거에 급제한 뒤 오랫동안 집현전에 근무하며 학문을 더욱 깊게 했습니다. 공부할 때는 먹고 자는 것을 아예 잊을 만큼 열중했다고 합니다. 『고려사』·『고려사절요』·『동국통감』 등 관찬사서 편찬에 주도적인 역할을 했고, 『세종실록』·『문종실록』·『세조실록』·『예종실록』 편찬에도 참여했습니다. 『동국여지승람』·『팔도지리지』 같은 지리서와 의학백과사전인 『의방유취』의 간행에도 관여했습니다.

양성지는 우리 역사에 대해 남다른 애정과 자부심이 있었습니다.

"우리나라 사람은 한갓 중국에만 성대한 것이 있는 줄 알고 우리나라의 일은 고찰할 줄 모르니 매우 옳지 않습니다."

중국문화만이 대단한 것으로 알고 우리 것을 우습게 여기는 학자들을 비판하며 양성지가 한 말입니다. 그는 민족의 시조로서 단군을 강조했으며 중국에 밀리지 않는 당당함을 주장했습니다. 조선의 과거科擧 시험문제에 『삼국사기』·『고려사』 같은 우리 역사 과목을 포함해야 한다고도 했습니다.

지방의 사고史庫가 모두 관청건물과 가깝게 있어서 외적이 침략하면 불탈 위험이 있으니 깊은 산 속으로 옮겨야 한다고도 했습니다. 사고를 이전하자는 양성지의 주장은 받아들여지지 않았습니다. 110여 년이 지나 임진왜란이 터졌을 때 전주사고를 제외한 모든 사고가 불타 버렸습니다. 사고 안에 있던 왕조실록들도 그대로 재가 되었습니다. 전쟁이 끝난 뒤 지방에 사고를 새로 짓게 되는데 이번에는 모두 산 속에 자리를 잡았습니다.

문양공 양성지 선생 고유제告由祭

진작 양성지 말을 들었더라면….

그의 역사·지리에 대한 관심은 신도비에도 언급되어 있습니다. 양성지 신도비 글의 일부를 옮겨보겠습니다.

(양성지는) 중국에서부터 동방에 이르기까지 상하 수천 년 동안의 치란治亂, 흥망興亡, 인물의 현부賢否을 어제 일처럼 명료하게 알고 있으며, 또 고금의 천하와 산천의 액색阨塞과 주군의 연혁 등을 능히 살펴서 발로 밟아보고 눈으로

보는 듯이 꿰고 있었다.

한편 양성지는 관료로서의 활동도 두드러졌습니다. 여러 분야에서 능력을 발휘하면서 이조판서·대사헌·공조판서 등을 역임했습니다. 왕들은 그를 몹시 아꼈는데, 세조 같은 이는 그를 일러 '나의 제갈공명'이라고 했답니다.

비범한 학문과 관료로서의 탁월함을 보여준 양성지는 눌재訥齋라는 호를 썼습니다. 눌訥은 '말더듬을 눌' 자입니다. 말을 더듬어서 스스로 호를 그렇게 했던 모양입니다. 비범함 속에도 어딘가 한구석, 비는 부분이 있던 것이죠. 그래서 더 인간적입니다. 그는 만년에 이곳 김포에 많은 땅을 장만하고 살다가 생을 마치게 됩니다. 그를 모신 서원인 대포서원이 양촌면 대포리에 있습니다.

양성지의 호가 뭐라고 그랬죠?

눌재! 좋습니다.

그럼 조헌의 호는?

예, 중봉, 맞습니다.

그럼 심연원의 호는 뭘까요? 아마, 모르실 겁니다. 제가 한 번도 말하지 않았거든요. 심연원의 호는 보암保

庵입니다. 그런데요, 조헌의 자가 여식汝式이고 양성지의 자가 순부純夫라는 건 참 낯선 소리죠? 지금 제가 호 이야기를 하는 건 누구의 호가 무엇인지 외워두자는 것이 아닙니다. 자字나 호號라는 것이 무엇인지 이해하자는 겁니다.

옛사람들은 이름을 아주 소중하게 여겼습니다. 성인이 되면 상대방의 이름을 직접 부르지 않는 것이 예의였어요. 그래서 이름 대신 부르는 호칭으로 자와 호를 정했습니다. 자는 관례(冠禮, 성년식) 때 주로 짓는데 인생의 목표가 될 만한 의미가 담기게 됩니다. 엄숙한 느낌이 들지요.

반면에 호는 자신의 처지나 주변의 자연환경 등등 다양한 소재 속에서 자유롭게 짓습니다. 때로는 처연하게 때로는 담담하게 또 때로는 익살맞게 자신의 호를 정합니다. 호는 자보다 훨씬 친근감이 있어서 이름을 대신해 많이 불리게 됩니다. 지금 우리도 옛사람들의 이름보다는 호를 더 많이 부릅니다. 경우에 따라서는 호가 이름인 걸로 오해하기도 하죠. 예를 들면 한석봉 같은 경우입니다. 그이의 이름은 한호韓濩입니다. 호가 석봉石峰이에요. 그런데 우리는 한석봉이 이름인 걸로 알잖아요.

김포의 얼굴, 조헌

우저서원 근처에 '여우재'라는 고개가 있답니다. 벌써 이름을 보니까 여우랑 관계가 있겠네요. 이런 이야기가 전해옵니다.

어린 조헌이 여우재를 넘어 서당에 다닐 때였습니다. 갑자기 예쁜 여인이 나타나 조헌을 끌어안고 입을 맞추는 겁니다. 하루만 그랬던 것이 아니고 다음 날도, 그 다음 날도 여인의 입맞춤이 계속됩니다. 그럴수록 조헌의 얼굴은 수척해만 갔지요. 어느 날 서당 훈장님은 걱정이 돼서 사연을 물었습니다. 이야기를 않던 조헌이 마침내 여인과의 일을 선생님에게 말합니다. 그래서 선생님이 다시 묻지요.

"그 여자가 입을 맞출 때, 구슬을 네 입에 넣었다가 다시 제 입으로 가져가곤 하더냐?"

"예, 그랬습니다."

"그 여자는 인간이 아니고 여우다. 너의 정기를 빼앗는 중이다. 그 여자가 다시 입을 맞출 때, 구슬이 네 입에 들어오거든 빼앗기지 말고 그대로 가지고 오너라."

다음 날 조헌은 선생님이 시킨 대로 구슬을 입에 물

사당 뒤에서 본 우저서원

고 돌려주지 않았습니다. 여인은 슬피 울다가 흰여우로 변하더니 숲 속으로 사라졌대요. 놀란 조헌은 자기도 모르게 구슬을 꿀꺽 삼키고 말았습니다.

무사히 서당에 도착한 조헌에게 스승은 구슬을 내보이라고 했습니다. 하지만 구슬을 보여드릴 수가 없었습니다. 이미 뱃속으로 들어가 버렸으니까요. 스승은 애석해 하며 이렇게 말했다고 합니다.

"아까운 보배를 잃었구나. 네가 그 구슬을 삼켰으니 지상에서 일어나는 일은 환히 알 수 있겠으나 천문은 알 수 없게 될 것이다."

조헌은 앞일을 내다보는 통찰력이 있었다고 하는데

위와 같은 이야기도 그래서 만들어진 것 같습니다. 어떤 이가 조헌을 평하길 '앞날을 꿰뚫어보는 혜안은 점괘를 잡는 것과 같았고 이치를 보는 명철함은 실이나 털을 쪼개는 듯'하다고 했는데 이 말에서도 조헌의 예견 능력을 짐작할 수 있습니다. 그는 임진왜란이 일어나기 몇 해 전부터 일본의 침략을 예상하고 그 대책을 마련해야 한다고 주장했었습니다.

전쟁이 일어나기 얼마 전 풍신수길이 조선에 사신을 보낸 적이 있습니다. 조헌은 일본사신들을 처벌하고 그들의 침략에 대비해야 한다는 상소를 올렸습니다. 임금은 아무런 대답도 내리지 않았습니다. 이에 조헌은 주춧돌에 머리를 찧으며 자신의 간절한 뜻이 받아들여지기를 갈구했습니다. 흐르는 눈물과 홍건한 피가 범벅된 얼굴이 참혹했습니다. 이 모습을 지켜보던 이들이 쓸데없는 고생을 한다며 비아냥거렸습니다. 그때 조헌은, "내년에 산골짜기로 숨게 되면 반드시 내 말을 생각하게 될 것이다" 하였답니다.

그 시절 조헌만이 일본의 침략을 예상한 것은 아닐 겁니다. 뜻밖에 많은 이들이 전쟁발발의 가능성을 점치고 있었을 겁니다. 그러나 대부분, "큰일이다, 큰일이야" 하면서 혀만 찼을 뿐, 조헌처럼 적극적으로 나서서 대책을 세우려고 노력하지 않았습니다. 알기도 어렵지만 실행은 더 어려운 법이지요.

중봉重峯 조헌 선생은 1544년(중종 39)에 김포에서 태어났습니다. 자는 여식汝式, 호는 중봉重峯이라 했습니다. 중봉이라는 호를 쓰기 전에는 후율後栗, 도원陶原을 호로 사용하기도 했습니다. 조헌의 집안은 고려시대에 대단한 권세를 누렸습니다. 그러나 조선시대 들어서는 그렇지 못했습니다.

조헌이 태어날 당시는 경제적으로도 아주 곤궁했던 것 같아요. 그래서 조헌은 직접 농사를 하며 공부해야 했습니다. 모낼 때, 논물 위에 바가지를 띄우고 그 안에 책을 넣어, 책 보며 모 심고 모 심으며 책 보는 생활을 했답니다. 밤에는 손수 해온 나무로 부모님 방에 불을 때면서 그 불빛에 비춰 책을 읽었답니다. 이 정도면 형설지공螢雪之功이 무색할 정도지요.

효성심도 남다른 바가 있었습니다. 강보에서 벗어날 무렵에 이미 부모를 예禮로 섬길 줄 알았다고 합니다. 열 살에 어머니가 돌아가셔서 계모 밑에서 자라게 되었는데, 낳아 준 어머니 이상으로 온 정성을 다해 새어머니를 섬겼습니다. 부모님께 편지를 쓸 때는 반드시 세수를 하고 의관을 정제하고 나서 붓을 들었다고 합니다.

1567년(명종 22)에 과거에 급제하여 이듬해부터 벼슬을 시작했습니다. 그러나 벼슬길은 순탄하지 않았습니다. 파면당했다가 다시 관직에 나아가고, 부평·길주 등으로 몇 년씩 귀양가 있다가 다시 임금의 부름을 받고. 이런 식이었습니다.

당시 사회의 문제점을 지적하고 개선을 요구하는 상소를 자주 올렸는데 그게 핍박을 당해야 했던 중요한 이유입니다. 자신의 뜻이 받아들여지기를 바라는 간절함으로, '내 말이 틀렸다면 이 도끼로 내 목을 치시오!' 이런 심정을 담아 도끼를 등에 지고 궁궐에 가 엎드리기도 했습니다. 이런 모습이 당시 집권층을 불편하게 했던 것도 같습니다.

그는 일본의 침략에 대비해야 한다는 주장만 한 것이 아닙니다. 세금제도를 개혁해서 백성의 부담을 덜어주자, 관리의 녹봉제도를 개선하자, 과부의 재혼을 허용하자, 노비 소유를 제한하자…. 당시로서는 그야말로 혁신적인 주장을 펼쳤습니다. 조헌의 사회경제개혁안은 조선 후기 실학자들에게 큰 영향을 주게 됩니다.

그의 관직경력에서 특이한 것은 지방에서 훈도訓導·교수敎授 등으로 여러 해 근무했다는 점입니다. '훈도'·'교수'는 지방학교의 선생님입니다. 조헌은 높은 학문과

영규대사 순절 사적비(금산)

올곧은 품성으로 많은 제자를 키워냅니다. 의병을 일으킬 당시 지방수령이 된 제자가 조헌에게 병력을 보내주기도 합니다. 1575년(선조 8)에는 김포 통진 현감을 지내며 선정을 펼쳤고, 1582년(선조 15)에는 충청도 보은 현감을 지냅니다.

1592년 4월, 임진왜란이 일어납니다. 조헌은 의병을 일으켜 승장(僧將) 영규의 부대와 힘을 합쳐 왜군에게 빼앗긴 청주성을 탈환합니다. 이때가 1592년 8월 1일입니다. 전쟁을 미리 예견한 조헌이 전쟁발발 후 4개월이 지나

서야 의병활동을 전개하게 된 것은 그 자신 재산이 없어서 군량과 병기를 준비하기 어려웠기 때문입니다. 어려운 여건에서도 서둘러 의병모집에 나섰지만, 의외로 관군 책임자의 방해가 심했습니다.

호서 순찰사 윤선각은 조헌을 지원해 주겠다고 약속해 놓고는, 조헌에게 100명을 보내준 청양 현감을 감옥에 가두는 해코지를 했습니다. 그리고 의병으로 나선 이들의 가족을 위협해서 모두 흩어지게 했습니다. 관군의 방해는 의병활동 중에도 거듭 됐습니다. 청주성을 되찾았을 때, 창고 안에 관곡이 가득했지요. 조헌은 곡식을 의병들의 군량으로 쓰려 했습니다. 그러나 방어사 이옥은, 다시 쳐들어올 왜군에게 쌀을 빼앗길지 모른다며 모두 불태워버렸습니다[박영철, 17쪽].

왜군은 조선의 곡창지대인 호남지방[전라도]을 점령하려 했으나 이순신이 바다를 장악하고 있어서 쉽게 뜻을 이루지 못했습니다. 영남지방[경상도]에서 의병장 곽재우 군에게 패하여 뭍으로의 호남지방 진출도 어려웠습니다. 군량확보에 비상이 걸린 왜군은 호남지방으로 통하는 길목을 확보하려고 1592년 6월에 호서지방[충청도]의 금산을 공격합니다. 의병장 고경명 등이 분전했으나 금산성은 왜군에게 점령당하고 맙니다.

칠백의총(금산)

조헌은 금산성 회복을 결심합니다. 그러나 호서 순찰사 윤국형은 관군의 의병참여를 금지하고 의병의 가족들을 감금하는 등 방해를 일삼습니다. 조헌의 의병은 이리 저리 흩어져 겨우 700여 명이 남았을 뿐입니다. 세의 불리함을 안 영규가 조헌을 만류합니다. 금산성 공격을 연기하자고 간곡하게 부탁했습니다. 그러나 조헌의 확고한 뜻을 꺾을 수 없음을 알았습니다.

영규는 자신이 이끄는 600명 정도의 승려군과 함께 조헌 군에 합류합니다[영규의 병력은 처음에 800명 정도였습니다. 그런데 금산전투 직전에는 600명 정도로 감소한 것 같습니다]. 약 1,300명의 조헌-영규 연합군은 금산성 공격을 준비합니다. 8월 18일 새벽, 왜군의 기습공격으로 시작된 금산전투에서 조헌군은 몇 번에 걸쳐 왜군의 침략을 막아냅니다. 그러나 끝내 패배하고 맙니다. 말 그대로 중과부적의 한계를 극복할 수 없었습니다.

화살이 떨어진 의병들은 맨손으로 적과 맞서 싸웠죠. 살고자 도망한 이가 한 사람도 없었답니다. 조헌을 포함해서 모두가 거기서 그렇게 전사했습니다. '죽고, 살고, 나가고, 물러남에 의義자에 부끄러움이 없게 하라'는 조헌의 절규를 모두가 목숨으로 따랐던 것입니다. 조헌의 큰아들 조완기도 이 전투에서 죽었습니다. 완기는 일부러 화려한 복장을 하고 자신이 아버지인양 행동했습니다. 아버지를 대신하여 죽으려고 했던 겁니다. 왜군은 완기를 조헌으로 알고 그의 시신을 처참하게 유린했다고 합니다. 돌로 짓이겼대요.

조헌과 칠백 의사는 전투 후 시신이 수습되어 충남 금산의 칠백의총(七百義塚, 사적 제105호)에 모셔졌습니다. 일제강점기에 일제에 의해 칠백의총이 파괴됐지만, 해방 후 복원하여 지금에 이릅니다. 선생은 여기 우저서원 외에도 금산·보은 등 여러 곳에 배향되었습니다.

그런데 한 가지 짚고 넘어갈 것이 있습니다. 금산전투는 조헌의 700명의 의병 외에 승장 영규가 이끄는 600명의 승병이 함께했습니다. 1,300명의 의병은 한날,

한곳에서 나라를 위해 목숨을 바쳤습니다. 그런데 스님 부대인 영규군의 시신은 바로 수습되지 않았던 것 같습니다[정동주, 153쪽]. 유학하는 사람들 그 누구도 스님들의 죽음에는 관심을 두지 않았습니다. 역사 속에 그들은 그렇게 묻혀버렸는가?

다행히 그렇지는 않습니다. 금산에 있는 사찰 보석사에는 1840년에 건립한 영규대사 순절비가 있습니다. 칠백의총 아래에 있는 종용사라는 사당에는 조헌과 함께 영규 등도 모셔져 있습니다.

그래도 왠지 아쉬움이 남습니다.


이괄을 위한 변명


인조(1623~1649)가 즉위하고 얼마 안돼서 이괄(李适, 1587~1624, 선조 20~인조 2)이 반란을 일으켰습니다. 김포 옥성사에 모셔진 장만은 이괄의 난을 진압하는 데 큰 공을 세운 인물입니다. 반란을 진압하여 나라를 안정시킨 장만의 공은 높이 칭송받아 마땅합니다. 다만 이괄이 왜 반란을 일으켰는지에 대해서는 더 정확한 이해가 필요합니다.

쿠데타에 가담하는 사람들은 목숨을 내놓아야 합니다. 성공하면 부귀와 권세가 가까워지지만 실패하면 바로 죽음이니까요. 광해군을 축출하고 인조가 새 왕으로 즉위한 인조반정. 이 사건을 주도한 사람들은 이귀·김류·이괄·김자점 등입니다. 이괄은 다른 사람들보다 조금 늦게 가담하기는 했지만 군사를 지휘하며 역모를 성공하게 한, 그러니까 가장 두드러진 활약을 한 사람입니다.

인조가 즉위하자 자신이 왕이 되는 데 공을 세운 사람들에게 공신 칭호를 주어 표창합니다. 총 53명을 표창했는데 1등공신이 이귀·김류·김자점·최명길 등 10명입니다. 2등공신은 15명, 3등공신은 28명이었습니다. 그런데 이괄은 1등 열 명에 들지 못하고 2등공신이 되었습니다. 이괄은 섭섭함을 느꼈을 겁니다. 더구나 중앙관직을 받지 못하고 북쪽 국경의 수비책임자로 임명받습니다.

일반적으로 말해지기를 이괄이 자신에 대한 섭섭한 대우에 불만을 품고 치밀한 계획을 세워 반란을 일으킨 것이라고 합니다. 그러나 그렇지가 않습니다. 처음부터 반란의도가 있었던 것이 아닙니다. 조정에서 먼저 자신에게 비수를 들이대자 신변에 위협을 느껴 일으킨 반란이었습니다. 그 대략적인 과정을 살펴보죠.

당시의 북쪽 국경수비는 나라의 운명을 좌우하는 중

요한 일이었습니다. 명과 각축하고 있는 후금군이 언제 쳐들어올지 모르는 일이기 때문입니다. 총책임자는 도원수 장만이었습니다. 인조는 장만과 논의한 뒤 이괄을 부원수로 임명합니다. 이괄을 무시해서 지방으로 보낸 것이 아니라 그 능력을 높게 평가하여 보냈던 것으로 보입니다.

관복 차림의 장만 초상(옥성사)

부원수 이괄은 주력부대 1만 명을 거느리고 평안도 영변에 주둔하게 됩니다. 도원수 장만은 5천의 지원부대와 함께 평양에 주둔합니다. 그러니까 실질적인 국경수비 책임은 이괄에게 있던 것입니다. 이괄이 영변에서 군사들을 훈련시키고 성책을 보수하며 후금의 침략을 대비하고 있을 때, 조정에서 엉뚱한 일이 벌어집니다.

정권을 잡은 서인세력이 조정에 남아 있던 북인 세력을 내몰려고 음모를 꾸몄습니다. 북인들이 이괄과 연계하여 반란을 일으키려 한다고 허위보고를 한 것이지요. 그 보고는 거짓으로 판명되었습니다. 그러나 김류·김자점 등이 계속해서 이괄을 서울로 소환해서 조사해야 한다고 주장했습니다. 결국 이괄 대신 이괄의 아들 이전을 서울로 부르기로 결정이 납니다.

이괄은 자신의 아들을 잡으러 온 금부도사 등을 죽이고 병사들을 몰아 서울로 쳐내려 갑니다. 장만의 5천 군사가 지키는 평양을 피해서 남쪽으로 내려간 이괄은 황해도 황주와 임진강 등에서 관군을 대파하고 서울까지 점령합니다. 임금일행은 서울함락 직전 공주로 피난가서 무사했지만, 반란군에게 도성을 빼앗기는 치욕을 당했습니다.

서울을 장악한 이괄은 선조의 아들 흥안군을 새로운 왕으로 세우고 백성을 진정시키며 분주하게 움직입니다. 그러나 이괄의 성공은 오래가지 않았습니다. 평양에서 뒤쫓아 온 장만이 흩어진 병사들을 모아 병력을 재정비했기 때문입니다. 이괄은 관군에게 대패한 뒤 이천으로 피해가 재기를 노리게 됩니다만, 거기서 끝이었습니다. 자신의 부하에게 죽임을 당하고 만 것이죠. 부하들이 이괄의 목을 관군에 바치고 항복합니다.

이괄이 반란을 일으킨 것은 인조가 즉위하고 1년도

채 되지 않았던 1624년 1월 22일이었습니다. 서울에 도착한 것은 2월 10일, 이천으로 도망했을 때가 2월 15일이었습니다. 급하게 피어올라 한순간에 모든 걸 다 태우고 재가 된 불꽃같았습니다.

이괄은 아들이 붙잡혀가는 걸 그냥 볼 수 없었습니다. 서울로 끌려가면 모진 고문 끝에 죽게 될 것이고 산다고 해도 몸이 온전하지 않을 것입니다. 아들이 고문의 고통을 못 견뎌 아비가 반란을 준비하고 있다고 허위자백이라도 하게 되면 자신도 죽임을 당하게 될 것입니다. 그래서 반란을 일으켰던 것입니다. 인간적으로 동정이 갑니다.

그러나 그의 행위를 정당화할 수는 없습니다. 만약 외적의 침략가능성이 없는 곳에 근무하고 있었다면 모를까, 언제 후금군이 국경을 넘을지 모르는 비상시국에 최전방 수비군을 빼내 서울로 쳐내려 간 것은 비판받아 마땅합니다.

### 광해군·인조 그리고 원종

선조에게는 아들이 열넷 있었습니다. 정식 왕비가 낳

은 적자는 영창대군뿐이고 나머지 열세 아들은 서자입니다. 장남은 임해군, 둘째가 광해군입니다. 적자 영창대군은 광해군이 서른 살이 넘었을 때에야 태어납니다. 선조는 적자로 세자를 삼아 왕위를 잇게 하고 싶어서 나이를 먹어가면서도 세자책봉을 하지 않았습니다.

임진왜란이 일어나자 할 수 없이 광해군을 세자로 책봉합니다. 장남인 임해군은 성격이 모질고 왕의 자질이 없었기 때문에 동생 광해군에게 밀렸다고 합니다. 선조가 죽기 두 해 전인 1606년, 새로 맞은 왕비인 인목대비가 영창대군을 낳습니다. 왕은 광해군을 폐하고 영창대군을 세자로 세울 생각도 했었지만, 실행하지는 못하고 죽습니다. 그래서 광해군이 즉위할 수 있었습니다.

어려운 고비를 수없이 넘고서야 왕이 된 광해군은 전쟁의 상처를 치유하는 정치를 펴면서 왕권의 안정을 위해 애씁니다. 그 과정에서 왕권에 위협이 되는 형 임해군을 죽였습니다. 아들 같은 동생 영창대군을 죽였고, 영창대군의 외할아버지를 죽였습니다. 영창대군의 엄마인 인목대비를 폐위시켜서 서궁[덕수궁]에 가뒀습니다. 그리고 능창군을 죽였습니다. 무리수였습니다. 아무리 왕권 안정을 위해서라지만 지나친 바가 있습니다.

능창군은 선조의 아들인 정원군의 셋째아들인데 역

모에 연류되었다는 죄를 쓰고 사형됐습니다. 능창군의 형이 능양군입니다. 능양군은 반정으로 광해군을 내몰고 인조가 됩니다. 결국 인조의 쿠데타는 개인적으로 동생의 죽음에 대한 복수이기도 한 셈입니다.

인조가 즉위한 것은 그의 아버지 정원군이 세상을 떠난 뒤입니다. 양주에 있던 정원군의 묘를 인조5년(1627)에 김포 북성산으로 옮깁니다. 그리고 묘의 호칭을 육경원毓慶園이라 했다가 다시 흥경원興慶園으로 바꿉니다. 1632년, 인조는 아버지 정원군에게 원종이라는 임금 칭호를 받칩니다. 이를 추숭追崇 또는 추존追尊이라고 합니다. 그래서 원종을 추존왕이라 부르는 것입니다. 이제 정원군의 묘인 흥경원도 왕릉이 되었으니, 새로운 이름을 정해야 합니다. 그 이름이 바로 장릉입니다. 이때부터 김포 북성산은 장릉산으로 불리게 됩니다.

### 묘의 호칭

조선시대, 무덤은 그 안에 묻힌 이의 신분에 따라 다른 이름으로 불렸습니다.

능陵 : 왕과 왕비의 무덤
원園 : 세자와 세자빈의 무덤, 왕을 낳은 부모의 무덤

> 묘墓 : 능·원이 아닌 모든 무덤
>
> * 왕의 아들 가운데 세자의 무덤만 '원'이라 하고 나머지 왕자들의 무덤은 그냥 '묘'라고 부름
> * 폐위된 왕의 무덤은 '묘'라고 부름 - 연산군 묘, 광해군 묘
> * 추존왕의 무덤도 '능'으로 부름 - 장릉章陵
>
> 영조의 아들이자 정조의 아버지인 사도세자. 그는 세자에서 폐위되어 죽임을 당했기에 수은묘垂恩墓라는 묘 이름을 받았습니다. 정조는 즉위하자마자 아버지 묘를 원으로 올려 영우원永祐園이라 했습니다. 얼마 후 영우원을 현륭원顯隆園으로 고칩니다. 1899년, 고종은 사도세자를 임금(장조)으로 추존하고 융릉隆陵이라는 능 이름을 올립니다.
>
> 사도세자의 무덤은 사후의 신분변화에 따라 수은묘 → 영우원·현륭원 → 융릉으로 격상된 것입니다.

정원군을 원종으로 추존하는 데는 큰 어려움이 있었습니다. 인조와 공신들이 이 일을 추진했지만 많은 신하가 반대했습니다. 남인계열의 신하들은 물론이고 인조 정권의 기반인 서인 쪽 신하들 가운데서도 반대하는 사람들이 많았습니다. 그 반대를 무릅쓰고 십 년간 거듭된 '기 싸움' 끝에 원종 추숭을 이룬 인조가 대단해 보입니다.

아버지를 임금으로 모신 것은 커다란 효도이면서 또 인조 자신을 위한 일이기도 했습니다. 쿠데타를 통해 집권한 세력은 정통성이 없습니다. 따라서 정통성을 이끌어내기 위한 인위적인 노력을 하기 마련입니다. 인조는 선조 → 원종 → 인조로 이어지는 왕위 계통을 세워 자신의 권위를 인정받고자 했던 것입니다. 있을 수 있는 일입니다.

다만 아쉬운 것은 시기가 그럴 시기가 아니었다는 점입니다. 조정이 힘을 모아 후금에 대한 정책을 수립하고 침략에 대비하는 노력을 해야 할 때였습니다. 나라 밖의 엄청난 위협에는 애써 눈 감은 채 조정이 이리저리 찢겨서 된다, 안된다만 외치다 결국은 어떤 결과를 가져왔습니까? 정묘호란입니다. 정묘호란을 당하면서 조정은 뭔가 달라져야 했습니다. 그러나 변함이 없었습니다. 원종 추숭 문제로 분쟁이 계속됐습니다.

### 정묘호란이 일어난 이유

임진왜란이라는 엄청난 전쟁을 치르고 약 30년이 지났을 때인 1627년, 조선은 다시금 전쟁의 소용돌이로 빠

져듭니다. 여진족이 세운 나라, 후금이 쳐들어온 것이죠. 역사에서는 이를 정묘호란丁卯胡亂이라고 합니다.

세자 시절에 임진왜란의 비참함을 체험했던 광해군은 즉위한 뒤 백성의 생활을 안정시키려고 노력합니다. 죄없이 백성을 수없이 죽게 하는 전쟁이 다시는 이 땅에서 일어나지 않게 하려고 국제정세의 변화를 냉철하게 살폈습니다. 당시의 명나라는 쇠약해진 종이호랑이 같은 처지였고 그런 명과 대결하는 후금은 무섭게 커가는 나라였습니다.

의리를 따진다면, 조선은 당연히 명나라 편에 서야 합니다. 그렇지만 그럴 때 있을지도 모를 후금의 공격을 막아낼 능력이 없었습니다. 이에 광해군은 명과 후금 사이에서 신중한 중립외교를 펼칩니다. 체면과 의리보다 백성을 살리는 것이 더 중요하다고 여겼던 것입니다.

광해군의 중립외교 정책이 빛을 발해 전쟁없이 평화시대가 지속되었습니다. 그러나 광해군에 반대하는 서인세력이 쿠데타에 성공했고, 그 결과 인조가 즉위하게 됩니다. 그동안 서인은 광해군의 중립외교를 비판해 왔습니다. 임진왜란 때 나라를 구해준 명나라의 은혜를 기억해야 한다고, 명에 대한 사대를 강화하고 후금을 배격해야 한다고 주장해 왔습니다. 서인의 입장은 초지일관 친명배금親明排金이었습니다. 인조가 즉위한 뒤 서인정권이 친명배금 정책을 편 것은 당연한 일입니다. 그래서 후금의 침략을 받게 되는 것입니다.

그런데 후금이 쳐들어온 이유가 조선의 친명배금 정책 때문만이었을까요? 아닙니다. 여러 가지 이유가 있습니다. 사실은 말이죠, 인조의 서인정권이 당당하게 친명배금을 외친 것이 아닙니다. 광해군의 외교정책을 비판해 왔던 그들이라, 말로는 친명배금을 내세우기는 했습니다. 그러나 서인정권도 세상 돌아가는 것을 알고 있었습니다. 맹목적으로 후금을 배척하는 것이 얼마나 위험한 일인가를 잘 알고 있었습니다. 그래서 광해군 때와 크게 다를 게 없는 정책을 펴고 있었습니다.

후금이 쳐들어왔던 주요목적은 모문룡 제거에 있었습니다. 명의 장수인 모문룡은 당시 우리나라 가도에 병력을 모아 주둔하면서 후금에게 빼앗긴 요동지방을 회복하겠다며 후금을 자극하고 있었습니다. 모문룡이 요동을 공격하지는 못했지만 그래도 후금에게는 목의 가시 같은 껄끄러운 존재였습니다.

당시 후금이 처해 있던 경제적 어려움도 조선침략의 한 가지 원인이 됩니다. 만주지방에 엄청난 기근이 들어 굶어 죽는 이가 수없이 많았습니다. 후금은 조선을 침략

인조 왕릉-장릉(파주)

해서 항복시킨 뒤 일종의 전쟁 배상금 명목으로 식량과 각종 물품을 가져가려는 의도가 컸습니다.

이리하여 정묘호란이 시작된 것입니다. 전쟁은 오래가지 않았습니다. 인조는, 고려가 몽골의 침략을 받았을 때 강화도로 서울을 옮겨 무사했던 예를 따라, 사방이 바다인 강화도로 피난하였습니다. 양천, 김포를 거쳐 통진에 머물다가 강화도로 들어갔습니다. 배를 타고 싸우는 수전에 익숙하지 못한 여진족의 약점을 이용한 것입니다. 실제로 후금은 강화도를 공격하지 못했습니다. 명나라의 배후공격을 우려한 후금은 전쟁을 장기전으로 끌고 갈 처지가 아니었습니다. 결국 두 나라는 화의를 맺게 됩니다. 후금이 명목상 형의 나라가 되었고 조선은 동생의 나라가 되었습니다. 조선은 세폐歲幣라는 이름의 전쟁 배상금을 물게 됩니다.


청나라의 침공, 병자호란

정묘호란이 끝나고 10년쯤 흐른 뒤인 1636년 4월, 후금은 나라 이름을 청淸으로 바꿉니다. 그리고 조선에 군신관계君臣關係 맺기를 요구합니다. 청이 임금의 나라요, 조선은 신하의 나라가 되어야 한다는 요구였습니다. 조선 정부가 이를 거부한 것을 명분 삼아 청이 조선을 침공합니다. 병자호란丙子胡亂의 시작입니다. 1636년(인조 14) 12월, 추운 겨울날이었습니다.

정묘호란 때 조선을 침공한 후금군은 약 3만 명이었습니다. 그런데 지금 병자호란에는 네 배가 넘는 12만 8천 명이 쳐들어왔습니다. 이번에는 수전水戰에 능한 명나라 군사 2만 명도 데려왔습니다. 산둥에 주둔하던 공유덕·경중명 등 명나라 장수들이 자신들의 부하 병사들과 전함 그리고 홍이포紅夷砲을 갖고 후금으로 망명했었는데, 그들 명의 망명군을 조선 침공에 동원했던 것입니다. 이제 청군은 육지에서는 물론 바다에서도 위력을 발휘할

남한산성 남문

수 있는, 더구나 홍이포라고 하는 위력적인 무기까지 갖춘 강력한 군대가 되어 있었습니다. 정묘호란 당시의 후금군과는 질적으로 차이가 있었습니다.

조선국경을 넘은 청군은 불과 며칠 만에 서울 근처까지 쳐내려옵니다. 인조는 다시 강화도 피난을 결정하고 김상용 등으로 하여금 종묘사직의 신주를 받들어 강화도로 먼저 가게 합니다. 이때 세자빈과 원손도 김상용과 함께 강화로 들어갔습니다. 그날 밤 인조도 강화로 가려고 남대문을 나섰습니다. 그러나 청군이 어느새 길목을 막아버렸습니다. 임금일행은 할 수 없이 남한산성으로 몸을 피하게 됩니다. 이때가 12월 15일이었습니다.

청군은 곧 남한산성을 포위합니다. 성 안에 고립된 임금을 구하려고 각지에서 의병이 일어났으나 성과는 별로 없었습니다. 한편 청군은 남한산성 포위와 함께 강화도 공격을 준비합니다. 청의 군사 1만 6천 명이 통진에 진을 치고 주둔한 것이 12월 말이었습니다. 그들은 통진 주변 해안가의 선박들을 빼앗아 고칩니다. 백성들의 집을 멋대로 헐고 거기서 나온 목재로 배와 뗏목도 만들었습니다. 그렇게 강화도 침공을 준비합니다. 해가 바뀐 1월 22일 새벽, 청군은 마침내 물을 건넙니다. 홍이포를 쏘아대며 강화해협을 건넜습니다. 그리고 강화성을 함락시킵니다.

쉽게 강화도가 무너진 것은 청군의 침략에 대한 대비가 전혀 없었기 때문입니다. 당시 강화도 수비책임은 검찰사 김경징이라는 이가 맡고 있었습니다. 김경징은 청군이 날개를 달고 하늘로 날아오지 않는 한 절대로 강화도를 칠 수 없다고 믿었습니다. 그들이 몽골처럼 수전에 약하다는 사실만을 생각했던 겁니다. 청군의 침략을 대비해서 방어준비를 해야 한다는 건의들을 완전히 무시했습니다. 그저 술만 마셨습니다. 피난민을 먹인다며 김포와 통진의 곡식을 거둬다가 자신이 먹었습니다. 그러다가 청군이 쳐들어오자 앞장서서 도망갔습니다.

그렇다고 김경징만 탓하기도 어렵습니다. 다른 책임 있는 자리에 있던 누군가라도 강화도 해안의 성을 돌며 무기의 상태라도 점검해야 했습니다. 그런데 그렇게 하지 않았던 모양입니다. 청군이 쳐들어왔을 때, 적군에게 총을 쏘려니 화약에 습기가 차서 쏠 수 없었고, 활을 쏘자니 화살이 없어 쏠 수 없었다는 기록이 있으니 말입니다.

그래도 위안이 되는 것은 일반병사들과 백성이 목숨을 다해 청군에 저항했다는 사실입니다. 싸우다, 싸우다 붙잡힐 지경이 되면 스스로 목숨을 끊었습니다. 적군의 포로가 되느니 깨끗한 죽음을 택하겠다던 그들은 자신과의 약속을 지켰습니다. '대장'은 도망가고 '졸병'만 싸우는 희한한 전쟁이 강화도에서 벌어진 것입니다.

한편 청군이 쳐들어왔을 때, 서울 인근의 많은 이들이 강화도로 피난 가 있었습니다. 김포 연안이씨 13정려각에 모셔진 이돈오, 김포 하성면 정성지문에 모셔진 민성 같은 이들도 가족과 함께 강화도로 들어갔던 경우입니다.

이긍익의 『연려실기술』에 의하면 민성閔垶은 아들 민지참·민지발·민지익과 함께 의병에 속했다가 강화성이 함락되게 되자 목을 매 스스로 목숨을 끊습니다. 세 아들, 세 며느리, 네 딸도 모두 함께 자결했습니다.

이돈오는 적군이 세자빈을 육지로 끌고 가는 것을 비판하면서 나라를 걱정하다가 죽습니다. 이돈오의 동생 이돈서는 적병에게 잡히게 되자, "우리 집이 여러 대를 내려오면서 충효를 지켜 나에게까지 이르렀는데 만일 내가 이번에 죽지 아니하면 집안이 없어지는 것과 무엇이 다르랴" 하며 물속에 몸을 던져 자결했습니다. 이돈오의 아내 김씨는 마리산 남쪽에서 적병을 피하다가 시어머니 이씨, 동서 이씨와 함께 스스로 목을 찔렀습니다.

청군이 강화도와 그 안의 사람들을 장악한 상황에서 남한산성 사람들이 더 버티는 건 무리였습니다. 1월 30일, 남한산성을 나온 인조는 서울 삼전도에서 청나라 임금에게 굴욕적인 항복을 하게 됩니다.

지금 강화도 충렬사에는 김상용과 함께 김포의 민성·이돈오·이돈서도 모셔져 있습니다.


### 병인양요와 문수산성전투

1866년(고종 3)에 병인양요가 일어납니다. 프랑스군이

병인양요 기록화(강화문화원)

조선을 침공한 사건이지요. 1866년이 병인년이기에 병인양요丙寅洋擾라고 합니다. 그러니까 '병인년에 서양사람들이 일으킨 소요' 정도로 말뜻을 풀어볼 수 있네요.

당시 조선임금이 고종입니다만, 실권은 그의 아버지 흥선대원군에게 있었습니다. 대원군에 의한 천주교 금지령에도 조선 땅에서 천주교의 교세는 점점 확대되고 있었습니다. 1866년 초, 조선정부는 천주교 신자 8천여 명을 처형합니다. 그 많은 사람이 단지 천주님을 섬긴다는 이유 하나로 죽임을 당해야 했습니다. 이를 병인박해丙寅迫害라고 합니다.

병인박해 때 프랑스 선교사 9명이 조선인 신자들과 함께 처형당했습니다. 당시 조선에는 프랑스 선교사 12

명이 들어와 활동하고 있었는데 그 가운데 세 명은 신자들의 도움으로 목숨을 구했습니다. 목숨을 구한 이들 가운데 리델 신부라는 사람이 있었어요. 그는 몸을 숨기고 있다가 6월 하순에 조선을 탈출해서 청나라 산둥반도에 있는 즈푸항으로 갑니다. 즈푸에서 다시 톈진으로 간 리델 신부는 그곳에 있던 프랑스 극동함대 사령관 로즈제독에게 자국 선교사들이 조선에서 처형된 사실을 알리고 보복해 달라고 요청합니다.

9월 18일, 로즈제독의 프랑스 극동함대는 즈푸항을 떠나 조선으로 향합니다. 이들은 김포와 강화 사이의 좁은 바다-강화해협-를 통과해서 한강으로 거슬러 올라갑니다. 조선군과 약간의 충돌이 있었지만 전투다운 전투는 없었습니다. 9월 30일, 프랑스 극동함대는 청나라 즈푸항으로 돌아갑니다.

응? 이게 뭐야. 이게 다야?

아닙니다. 그들은 싸우러 온 것이 아니었습니다. 싸우기 위한 사전 준비작업, 그러니까 정찰을 나왔던 것입니다. 조선군의 방어상태, 조수의 흐름, 한강의 깊이 등등을 조사했던 것이죠.

10월 11일, 로즈제독이 이끄는 프랑스 극동함대는 다시 즈푸항을 떠나 조선으로 향합니다. 본격적인 병인양요의 시작입니다. 10월 14일, 프랑스 함대 4척이 강화해협을 항해하여 강화도 갑곶에 도착합니다. 이후 프랑스군은 강화성을 점령하고 읍내에 주둔하게 됩니다. 10월 26일에는 김포 문수산성에서 한성근이 이끄는 조선군과 프랑스군 사이에 전투가 벌어집니다.

병인양요가 일어나자 조선정부는 다각적인 대책을 마련합니다. 프랑스군의 서울침공에 대비하여 방어책을 수립하는 한편 양헌수를 강화도로 파견합니다. 11월 7일과 8일, 김포 덕포진에 와 있던 양헌수의 500여 군사는 바다를 건너 강화도 정족산성에 진입합니다. 이 소식을 전해들은 프랑스군 150여 명이 11월 9일에 강화읍을 출발하여 정족산성으로 향합니다. 이 정족산성전투에서 프랑스군은 많은 사상자를 내면서 패배합니다. 읍내까지 퇴각해 간 프랑스군은 황급하게 짐을 꾸려 강화도를 철수하여 물러가게 됩니다. 이리하여 병인양요가 끝나게 되죠.

위에서 잠시 문수산성전투를 언급했었는데, 조금 상세하게 살펴보도록 하지요.

프랑스군이 강화읍내를 점령하고 있던 10월 21일, 조선 조정은 봉상시 봉사 한성근韓聖根을 순무 초관에 임명합니다. 한성근은 50여 명의 병사와 함께 문수산성 수

문수산성 남문루

비를 맡게 됩니다. 프랑스군이 내륙으로 침공할 것에 대비하는 조치였습니다. 문수산성은 강화에서 육지로 나오는 관문이기에 이곳마저 프랑스군에게 점령당하면 조선 조정의 강화도 탈환작전은 더욱 힘들어질 수밖에 없는 것입니다.

한 가지 의아한 것은 수비병력을 50명밖에 파견하지 않았다는 사실입니다. 문수산성에서 가까운 통진부에 적지 않은 병력이 있어서 유사시에 지원할 수 있다고는 해도, 그래도 50은 너무 적은 숫자였습니다.

한편 강화도 안에 머물고 있던 프랑스군은 조선정부의 대응방법에 대해 나름대로 정보를 입수하고 있었습니다. 더 구체적인 정보가 필요하다고 느낀 로즈제독은 10월 26일 아침 7시경에 뚜아르 대위를 문수산성 쪽으로 파견합니다. 갑곶 나루를 출발한 뚜아르의 70여 명 프랑스군이 바다를 건너오고 있습니다. 문수산성 남문에서 그 모습을 지켜보는 한성근의 눈빛이 빛납니다.

몸을 숨기고 있던 한성근 부대는 프랑스군의 보트가 상륙하기 직전 일제히 사격을 가하여 프랑스군 3명을 사살합니다. 그리고 2명에게 큰 부상을 입혀요. 선제공격으로 승기를 잡은 것입니다. 그러나 무기성능의 열세를 극복할 수 없었습니다. 총격전 끝에 사상자가 많이 발생한 조선군은 문수산성을 포기하고 퇴각합니다.

프랑스군은 문수산성 남문과 성곽을 파괴하고 부근의 민가 30여 호를 모조리 불사른 뒤 강화도로 되돌아갑니다. 이 전투는 조선의 패배입니다. 그렇지만 처음으로 전사자가 발생한 프랑스군의 충격도 컸습니다. 기고만장하던 프랑스군에게 처음으로 두려움을 심어준 계기가 바로 문수산성전투였습니다. 한편 문수산성전투를 지휘했던 한성근은 개항 후인 1881년(고종 18)에 통진부사가 되어 다시 김포 땅에 옵니다.

그냥 넘어갈까 하다가, '뭘까?' 하는 분이 계실 것 같아 추가합니다. 위에서 한성근의 원래 벼슬을 봉상시 봉사라고만 말씀드리고 그 관직이 어떤 일을 하는 것인지는 설명하지 않았는데, 여기서 말씀드릴게요.

봉상시는 궁중의 제사를 지내고 관리들이 죽은 뒤 시호를 정하는 업무를 맡고 있던 관청입니다. 책임자는 정3품 관리가 임명되었고, 봉사는 종8품의 관직이었습니다. 봉사 밑으로는 정9품인 부봉사, 종9품인 참봉이 있었고요.


### 3·1운동, 그 만세의 함성

1910년 8월 29일, 조선[대한제국]은 국권을 상실하고 일본의 식민지가 되고 맙니다. 나라가 망할 당시 그 과정을 알고 있던 사람들이 있었지만, 더 많은 사람들이 그 사실을 모르고 있었을 겁니다. 어느 날 갑자기 청천벽력 같은 소식을 듣고 비탄에 빠졌을 겁니다.

일부의 사람들은 약삭빠르게 일본인보다 더 철저한 일본인처럼 변해서 일본제국주의 앞잡이가 되었습니다. 또 다른 사람들은 자신의 모든 걸 던져 희생하며 독립군의 대열에 합류했습니다.

국민은 일본에 대한 반감을 포기할 수 없었습니다.

식민지 백성으로 살아가면서도 민족의 혼만큼은 포기하지 않았습니다. 일본은 헌병들을 동원한 무단통치를 하면서 우리 국민의 모든 걸 감시했고 조금이라도 저항하면 무자비한 탄압을 가했습니다. 그래도 일제에 대한 저항은 그치지 않았습니다. 산발적으로 지속되던 일제에 대한 저항이 본격적인 독립운동으로 터진 것이 바로 3·1운동이에요.

3·1운동을 준비하던 이들이 만세시위 날짜를 3월 1일로 잡은 것은 고종황제의 죽음과 관계가 깊어요. 1919년 1월 22일에 고종황제가 갑자기 죽었습니다. 일본에 의한 독살이라는 소문이 전국에 퍼졌습니다. 독살설이 퍼지면서 물 밑으로 도도하게 흐르던 반일의식이 독립의지로 표면화되기 시작했습니다.

고종의 장례일 그러니까 국장일이 3월 3일로 결정됐습니다. 전국에서 많은 사람이 장례식 참관을 위해서 서울로 모여들기 시작했죠. 지금까지 일본은 대규모 군중이 모이는 것을 사전에 막아왔지만 이번에는 그럴 처지가 못 됐습니다. 국장일 이틀 전, 이미 수십만 명의 사람들이 서울거리에 넘쳐나고 있었습니다.

3월 1일, 만세시위가 시작됐습니다. 파고다공원에서 터져 나온 "독립만세!"의 함성이 장안에 가득해집니다.

월곶면 군하리 만세비

그 자리에 자연스럽게 동참했던 지방사람들이 고향으로 내려가 소식을 전하면서 전국적인 만세운동이 전개되기 시작합니다. 전국으로 확산된 만세운동이 집중적으로 일어난 것은 4월 말까지 약 두 달간이었다고 해요.

3·1운동으로 통틀어 말할 수 있는 만세시위는 총 2천 회 이상이었고 여기에 참여한 사람들은 연인원 200만 명 이상으로 추정됩니다.[한국사47, 341쪽] 200만 명이라면, 당시 우리나라 전체 인구의 10% 정도 되는 규모입니다.

*김포 3·1운동 현황

| 일자 | 시간 | 참가인원 | 장소 |
|---|---|---|---|
| 3.22 | 14:00 | 400명 | 월곶면 군하리 장터 |
|  |  | 300명 | 검단면 마전리 |
| 3.23 | 14:00 | 2,000명 | 양촌면 오라니 장터 |
|  | 16:00 | 2,000명 | 양촌면 오라니 장터 |
|  |  | 150명 | 양동면 가양리 |
| 3.24 | 횃불시위 | 50명 | 고촌면 신곡리 뒷산 |
|  |  | 130명 | 김포 읍내 |
| 3.25 |  | 50여 명 | 고촌면 신곡리 |
| 3.26 | 횃불시위 | 23명 | 군내면 감정리 |
|  | 횃불시위 | 7,000명 | 양촌면 |
| 3.27 | 횃불시위 | 1,500명 | 하성면 |
|  | 횃불시위 |  | 기타지역 |
| 3.28 | 횃불시위 | 수십 명 | 월곶면 함반산 |
| 3.29 | 11:00 | 400명 | 월곶면 군하리 장터 |
|  | 12:00 | 400명 | 월곶면 갈산리 |
| 8일간 총 15회 14,400여 명 참가 | | | |

-김진수, 『김포항일독립운동사』(55쪽) 재편집

 만세의 함성은 김포에서도 터져 나왔습니다. 1919년 3월 이후 양촌면 양곡리와 월곶면 군하리 등 김포지역에서 만세시위가 15회 있었습니다. 참여했던 인원은 대략 14,000여 명이었습니다. 3월 22일, 월곶면 군하리 장터에 400여 명이 모여 만세를 외치면서 김포의 만세운동이 시작되었습니다. 대표적인 만세운동은 양곡에서 있었습니다. 3월 23일 양곡시장에 약 4천 명 대군중이 모여, 두 번에 걸쳐 시위운동을 전개했던 것입니다.

낮에는 만세를 부르고 밤에는 산에서 횃불시위도 벌였습니다. 이들 가운데 일부는 서울에서의 만세운동에 참여했던 사람들이었는데, 박충서가 대표적입니다. 정인섭 등과 함께 양곡시위를 주도했던 임철모(林哲模, 1883~1919)는 일본경찰에게 체포되어 서대문형무소에 갇혔다가 옥중에서 순국했습니다. 모진 고문 때문이었습니다.

3·1운동은 국외로 확산되어 만주의 여러 지역과 러시아 연해주 그리고 미국에서도 전개되었습니다. 한편 중국의 5·4운동은 3·1운동의 직접적인 영향을 받아서 일어난 것입니다.

중국에 영향을 끼쳤다고 한들 그게 무슨 소용인가? 어차피 독립하지 못했으니 3·1운동은 실패한 것이 아닌가? 그렇지가 않습니다. 실패가 아닙니다. 왜 실패가 아니라고 할까? 그건 여러분이 생각해 보세요. 숙제로 해 둘게요.

그 대신, 김좌진이 이끌던 독립군 부대가 청산리전투(1920)에서 일본군을 무찌를 때 부르던 노래를 소개합니다.

1. 하늘은 미워한다 배달족의

오라니장터 만세기념비

   자유를 억탈하는 왜적들을
   삼천리 강산에 열혈이 끓어
   분연히 일어나는 우리 독립군


2. 백두의 찬바람은 불어 거칠고
   압록강 얼음 위엔 은월이 밝아
   고국에서 불어오는 피 비린 바람
   갚고야 말 것이다 골수에 맺힌 한을


3. 하느님 저희들 이후에도
   천만 대 후손의 행복을 위해
   이 한 몸 깨끗이 바치겠으니
   빛나는 전사를 하게 하소서

천만 대 후손의 행복을 위해 이 한 몸 깨끗이 바치겠으니 빛나는 전사를 하게 하소서….

## 향교의 이모저모

김포의 문화재와 관련해서 우리 역사의 흐름과 몇몇 사건 그리고 인물에 대해서 살펴보았습니다. 이제 향교와 봉수제도에 대해서 조금 더 알아봅니다.

향교가 처음 생긴 것은 고려시대입니다. 조선시대에 더욱 번창하게 됩니다. 조선 중기 이후 서원이 세워지기 전까지 지방교육의 중심지가 향교였습니다. 조선시대 서울에 성균관이 있었습니다. 그 밑 단계의 학교로 사부학당이 있었고 각 지방 부, 목, 군, 현에는 향교가 설치됩니다. 나이 8세 전후에 마을의 서당에 들어가 기초를 닦은 뒤, 서울은 사부학당, 지방은 향교로 진학하여 공부합니다. 그리고 예비 과거[소과]에 합격하면 생원이나 진사가 됩니다. 생원, 진사가 되면 성균관에 들어가 과거[대과]를 준비하게 됩니다.

향교는 나라에서 운영하는 국립 중등학교였던 셈이죠. 향교는 지방민에 대한 교육과 교화 활동만 한 것이 아니고 공자 등 선현에 대한 제사를 올리기도 하는 신성한 공간이었습니다. 제사비용과 교육비용은 나라에서 지급하는 토지와 노비를 통해서 마련하였습니다. 그래서 향교학생들은 공부하는 데 돈이 들지 않았습니다. 원칙적으로 먹고 자는 것, 수업, 책 모두가 무료였습니다.

학생들이 배우는 책은 유교경전이었습니다. 그 가운데 특히 중요하게 여겼던 것이 『소학小學』입니다. 『소학』은 단순한 학습교재가 아니었습니다. 사람들의 모든 행동의 기준이 되는 수행서이기도 했습니다. 한마디로 학문이 시작되는 책이자, 학문이 완성되는 책이 『소학』이었던 것이랍니다.

처음에는 양반의 자제만 입학할 수 있었으나 점차 평민들도 다닐 수 있게 됩니다. 나이는 17세 이상부터 가능했고요. 과거를 목표로 공부하는 것이니까 졸업나이가 정해진 건 아니었습니다. 그런데 공부나 과거에 별 뜻도 없이 그냥 향교학생으로 지내는 사람들이 많아졌습니다. 향교의 학생은 군역을 면제해 주었기 때문에, 그 군역을 회피하려는 사람들이었습니다. 그래서 나라에서는 나이 40이 되면 향교에 더 다니지 못하게 합니다. 40이 되기 전이라도 학문에 진척이 없으면 '퇴학'시킬 수 있게 합니다. 그러니까 향교학생의 나이는 17세부

통진향교 내삼문

터 40세까지가 되는 것입니다.[이미르, 11쪽]

향교마다 정원이 있었습니다. 그 향교가 속해 있는 행정구역의 규모에 따라, 또 시기에 따라 증감이 이루어집니다. 김포향교나 통진향교처럼 현에 있는 향교는 정원이 15명이었습니다. 나중에 30명으로 늘어나게 되니까, 15~30명이 정원이었던 것이지요. 군 소재 향교는 정원이 30명이었다가 50명으로 증원됩니다. 향교에서 교육을 담당하는 선생님들은 교수관敎授官·훈도관訓導官·교도관敎導官 등으로 구분되어 불렸습니다. 이들 선생님은 중앙에서 파견되는 것이 원칙이었습니다.

향교는 조선시대 내내 꾸준히 건립되었는데 태종·세종 때에 특히 많이 세워졌습니다. 조선 초기에 향교

통진향교 대성전

설립이 두드러졌던 것은 지방의 인재를 육성하고 지방민을 유교적으로 교화시키려는 의지가 강했기 때문입니다. 실제로 향교는 교육과 제사 외에도 지역주민을 대상으로 하는 여러 가지 행사를 펼쳤습니다.

마을의 노인들을 초대하여 대접하고, 덕행德行을 쌓아 모범이 되는 이를 뽑아 표창했으며, 일종의 '계몽강습회' 같은 행사를 열어 부녀자와 어린이들에게 글을 가르치기도 했습니다. 또한 향교를 거점으로 향약이 시행됨으로써 마을주민들에 대한 교화기능이 더욱 강화될 수 있었습니다. 교화教化란, '가르치고 이끌어서 좋은 방향으로 나아가게 함'이라는 뜻입니다.

그러나 조선 중기 이후 향교의 제반기능이 약화하면서 쇠락의 길을 걷습니다. 일부였겠지만, 공자에게 제사를 올리는 석전제釋奠祭 같은 엄숙한 행사에서 추태를 보이는 유생들도 있었습니다. 음복을 빙자해서 향교 안으로 기생들을 불러서 함께 술 먹고 춤추며 음탕한 짓을 하는 경우가 자주 있었다고 합니다. 이제 지방교육의 중심은 향교가 아니라 서원이 되어갑니다. 향교는 다만 공자에 대한 제향기능만을 유지하게 됩니다.

현재 전국에 231개의 향교가 남아 있습니다.


### 봉수제도에 대하여

중국 땅에 제일 먼저 세워진 나라는 하夏입니다. 하나라를 이은 나라가 상商이라고도 불렸던 은殷나라입니다. 은나라는 갑골문자로 유명해진 나라이지요. 주周나라는 은을 멸망시키고 중국의 새 주인이 됩니다. 주나라의 앞 시기를 서주(기원전 11세기~기원전 771)라 하고 뒤 시기를 동주라고 하는데, 동주시대가 곧 춘추전국시대입니다.

유왕은 서주의 마지막 임금이었습니다. 그는 포사라

는 후궁을 몹시 사랑했어요. 포사는 말로 표현하기 어려운 눈부신 미인이었다고 합니다. 그러나 통 웃지를 않는 그늘진 여인이었대요. 유왕은 화사하게 웃는 포사의 얼굴이 보고 싶었습니다. 그래서 별별 노력을 다했지만 웃길 수가 없었답니다.

어느 날 외적의 침략을 알리는 봉화가 올랐습니다. 전국 각지의 장수들이 군사를 모아 도읍으로 달려왔습니다. 적의 침략으로부터 도읍과 임금을 지키기 위함이었지요. 그러나 봉수는 실수였습니다. 적의 침략은 없었습니다. 허탈해 하는 장수들의 모습을 본 포사가 갑자기 웃기 시작합니다. 웃는 포사를 처음 본 유왕은 넋이 나가버렸습니다. 너무나도 예뻤던 겁니다. 그때부터 유왕은 수시로 거짓봉화를 올리게 했고, 그때마다 장수들이 달려왔고, 이에 보답하듯 포사가 웃는 일이 반복되었습니다.

드디어 정말로 외적의 침략이 시작됐습니다. 강력한 적, 견융이 쳐들어온 것입니다. 그 사실을 알리는 봉화가 다급하게 올랐습니다만, 왕을 구하고자 달려오는 장수는 아무도 없었답니다. 유왕은 살해되었고, 서주는 멸망하고 말았습니다.

늑대가 나타났다며 장난하다가 비참해진 목동이야

기가 떠오르세요? 저도 그래요.

　봉수제도는 중국에서 처음으로 시작된 것 같습니다. 그런데 중국 어느 나라 때가 처음인지는 확실하지 않습니다. 다만 위 이야기에 봉화가 등장하는 것으로 보아 늦어도 서주시대에 봉수제도가 시행되고 있었음을 짐작할 수 있습니다.

　봉화烽火라고 하는 봉수烽燧는 횃불과 연기로 긴급한 소식을 중앙으로 전하던 통신제도입니다. 주로 국경지방에서 적의 침입이 있을 때, 이를 알리는 군사목적으로 쓰였습니다. 드문 경우이기는 하지만, 고려시대에 외국 사신의 길 안내를 위해 봉화를 올리기도 했습니다. 봉烽은 횃불이라는 의미이고, 수燧는 연기라는 뜻입니다. 낮에는 불이 잘 안 보이기 때문에 연기를 피워서 신호를 보내고, 밤에는 횃불로 연락을 취했기 때문에 봉수라고 하는 것입니다.

　우리나라에서는 삼국시대에 이미 봉수가 시행된 것 같습니다. 좀더 체계적으로 정비된 것은 고려 의종 때인 1149년입니다. 이때는 봉수를 1~4개 올렸습니다. 평상시 아무 일 없을 때는 횃불이나 연기를 한 개 올리고 상황의 급함에 따라 2~4개까지 올렸던 것이지요. 조선시대에는 1~5개를 올리게 됩니다. 평상시에 '이상 무!'의 의미로 정해진 시간에 1개를 올립니다. 적이 나타나면 2개, 적이 국경에 접근하면 3개, 국경을 침범하면 4개, 전투가 벌어지면 5개를 올리도록 했습니다.

불이나 연기를 피우려면 봉수대를 설치해야 합니다. 전망이 좋은 산 정상쯤에 봉수대를 세우는데 너무 높은 산은 피했습니다. 주로 100~200m 높이의 산에 세웠습니다. 전후로 연결되는 봉수대와 쉽게 확인할 수 있는 위치여야 하고, 또 인근 지역에 마을이 있어 봉수군들의 교대근무가 편리하도록 배려하는 차원에서 높지 않은 산들이 선택된 것입니다.

연기는 횃불에 비해 약한 바람에도 쉽게 흩어집니다. 연기가 흩어져버리면 2개를 올린 것인지, 3개를 올린 것인지 파악하기 어렵습니다. 그래서 연기가 곧게 올라갈 수 있도록 연통을 만들었고, 말똥과 소똥을 왕겨나 솔잎 등과 섞어서 연기를 피웠습니다. 연기를 흩어지지 않게 하는 데는 이리 똥과 여우 똥이 최고라고 합니다[조병로, 13쪽]. 그러나 이리나 여우의 똥을 쉽게 구할 수가 없어서 말과 소의 똥을 사용했던 것이죠. 횃불을 올리는 재료는 싸리나무, 마른 풀, 볏짚 등이 사용됐습니다.

각 지방의 봉수는 대략 10~20리 내외로 설치되어 서울 남산의 남산[목멱산] 봉수까지 이어집니다. 비바람이 몰아치거나 해서 봉수를 올릴 수 없을 때는 봉수군이 다음 봉수대까지 달려가서 소식을 전했다고 하는데 쉽지 않았을 겁니다. 봉수제도는 당시에 가장 신속한 연락방법임엔 틀림없습니다만 봉수군의 근무자세나 날씨에 따라서 연락이 끊기는 일이 아주 많았습니다. 영화 '반지의 제왕 3'을 보니까 정말 신속하고 멋지게 봉화가 전달되는 장면이 나오더군요. 그러나 그건 영화 속 이야기일 뿐이에요.

봉수를 올리지 않으면 곤장 80대의 벌을 받게 되지만 그걸 감수하고 도망하는 이들이 많았습니다. 그만큼 봉수군 생활이 고통스러웠기 때문이에요. 아무것도 하지 않고 저쪽 산을 바라보며 봉수가 오르나, 안 오르나 확인하고 있는 것만도 보통 일이 아니죠. 한겨울 추위라면 더 끔찍하고요. 그런데 봉수군들은 봉수대 관리, 무기정비, 땔감확보, 여기에 더해서 군사훈련까지 받아야 했습니다. 적이 봉수대를 노리고 공격해 올 수도 있으니까요. 도망자가 나올 수밖에 없는 상황이었습니다.

남과 북 국경지방에서 서울까지, 봉수가 도착하는 데 걸린 시간은 대략 얼마나 될까요? 12시간 정도가 걸렸다고 합니다. 그러나 이는 평상시의 경우일 뿐입니다. 정해진 시간에 매일 똑같이 올리는 봉수이기에 비교적

수안산 봉수 원경

신속한 게 당연합니다. 습관처럼 반복되는 작업이니까요. 불시에 발생하는 비상상황에서는 빨라야 5~6일이 걸렸던 것 같습니다.

조선 후기 김포 수안산 봉수의 경우 몇몇 장교 외에 봉수군 103명이 있었습니다[김주홍, 32쪽]. 그러나 이들 모두가 동시에 근무했던 것은 아닌 것 같아요. 대략 봉수군 5명 내외가 5일 정도 근무하고 교대하는 형태였던 것 같습니다. 김포에는 수안산 봉수 말고도 월곶면 군하리 봉수와 장릉산(150.3m) 봉수가 있었습니다. 장릉산 봉수는 시대에 따라 주산 봉수, 북성산 봉수, 냉정산 봉수로도 불렸습니다.


이제 마치려고 합니다

　때로는 성난 파도처럼 때로는 아가 얼굴의 솜털처럼 그렇게 한강은 흘렀습니다. 참으로 먼 여정이었습니다. 이제 김포반도에 이르러 잠시 숨을 고릅니다. 숨 고르기를 마친 강물은 마중 나온 바다와 말없이 몸 섞어 하나가 됩니다. 바다가 강이 되고 강이 바다 되는 융합融合의 땅이 김포입니다. 애기봉에 오르면 우리는 또 한 번의 융합을 절로 기도하게 됩니다. 강과 바다가 한 몸 되어 넓은 세상으로 나아가듯 남쪽과 북쪽이 하나 되어 세상을 호령하게 될 날을 기다립니다.

　김포는 절의節義의 땅입니다. 세상에서 제일 귀한 것이 목숨일진데 그 목숨보다 절의를 숭상한 이들이 유독 많았습니다. 나라를 위해, 지아비를 위해, 학문적 소신을 지키고자 모든 걸 버렸던 선조의 숨결이 김포 땅 구석구석에서 느껴집니다.

　곧은 선비의 기상이 살아 있는, 그래서 '늘 푸른 소나무' 같은 우리 김포. 김포가 빛이 나는 건 변절變節이 너무 흔한 지금의 시대현실 때문입니다.

김포를, 서울이나 인천에서 강화도로 가는 경유지 정도로만 생각하기 쉽습니다. 그래서 김포의 역사유적에 대해서 시큰둥하게 여기는 경향이 있습니다. 그러나 김포는 전국 어느 지방에 뒤지지 않는 역사의 흔적과 교훈을 간직한 곳입니다. 김포 나름의 색깔이 있고, 김포 나름의 향기가 있습니다. 융합의 땅, 절의의 땅 김포에 서면 바람 한 자락도 새롭습니다.

이제 저와 함께 김포 여행을 마친 독자 여러분께 인사를 드리렵니다. 더 자상하고 알기 쉽게 역사 이야기를 풀어갔어야 했는데 마음만 앞섰던 것 같습니다. 문장이 자연스럽지 못하고 내용이 산만한 부분이 많았습니다. 그래도 이 책을 통해 뭔가 한 가지라도 새로운 느낌, 새로운 배움이 있었다면 글쓴이는 행복할 것입니다. 여러분과 여러분 가족의 건강을 빕니다. 감사합니다.

# 김포 역사문화유적 목록

| 문화재 이름 | 위치 | 지정 내용 | 비고 |
|---|---|---|---|
| 장릉 | 풍무동 산 141-1 | 사적 제202호 | 1970년 지정 |
| 금정사 | 풍무동 산669 | | |
| 김포향교 | 북변동 371-1 | 문화재자료 제29호 | |
| 우저서원 | 감정동 492 | 시도유형문화재 제10호 | |
| 조헌선생 유허 추모비 | 감정동 492 | 시도유형문화재 제90호 | |
| 연안이씨 십삼 정려각 | 감정동 400-6 | | |
| 심응사당 | 운양동 314-2 | 향토유적 제4호 | |
| 용화사 | 운양동 831 | | |
| 대포서원 | 양촌면 대포리 산92-1 | 향토유적 제1호 | |
| 수안사 | 양촌면 대포리 산32 | | |
| 수안산성 | 대곶면 율생리 산117 | 시도기념물 제159호 | |
| 대성원 | 대곶면 약암리 산103-1 | 향토유적 제3호 | |
| 덕포진 | 대곶면 신안리 산105 | 사적 제292호 | 1981년 지정 |
| 손돌묘 | 대곶면 신안리 산46-1 | | |

| | | | |
|---|---|---|---|
| 돌우물 | 대곶면 석정리 393-3 | | |
| 심연원 신도비 | 통진읍 옹정리 산14-2 | 시도유형문화재 제146호 | |
| 심강 신도비 | 통진읍 옹정리 산14-2 | 시도유형문화재 제147호 | |
| 통진향교 | 월곶면 군하리 220 | 문화재자료 제30호 | |
| 군하리 비군 | 월곶면 군하리 220 | 향토유적 제5호 | |
| 고정리 고인돌군 | 통진읍 고정리 산114-3 | 시도기념물 제91호 | |
| 한재당 | 하성면 가금리 224 | 시도기념물 제47호 | |
| 애기봉 | 하성면 가금리 산59-13 | | |
| 장만선생 영정 및 공신녹권 | 하성면 가금리 78 | 시도유형문화재 제142호 | 옥성사 |
| 남효온 묘 | 하성면 후평리 산4 | | |
| 정성지문 | 하성면 전류리 81 | | |
| 표충사 | 하성면 전류리 81 | | |
| 문수산성 | 월곶면 성동리 산254-2 | 사적 제139호 | 1964년 지정 |
| 풍담대사 부도와 비 | 월곶면 성동리 산36-1 | 시도유형문화재 제91호 | |

●●● 사적은 국가에서 지정한 문화재이고, 유형문화재·시도기념물·문화재자료는 경기도 지정 문화재입니다. 향토유적은 1986년에 김포시에서 지정한 것입니다. 이 책에서 소개한 문화재만 정리했습니다.

## 도움 받은 책들

강화문화원, 『자강의 강화』(1998)
경기도김포교육청, 『우리고장의 문화재』(1994)
경기도김포교육청, 『우리고장의 전설』(1995)
국방부전사편찬위원회, 『병인·신미양요사』(1989)
국사편찬위원회, 『한국사』 3, 20, 28, 29, 31, 47
국사편찬위원회, 『상장례, 삶과 죽음의 방정식』(두산동아, 2005)
김성언, 『남효온의 삶과 시』(태학사, 1997)
김왕직, 『알기 쉬운 한국건축 용어사전』(동녘, 2007)
김진수, 『김포항일독립운동사』(김포문화원, 2006)
김포군지편찬위원회, 『김포군지』(1992)
김포문화원, 『김포시 금석문대관』(2001)
김포문화원, 『김포의 설화』(2001)
김포문화원, 『김포의 인물지』(2002)
김포시·한양대학교 박물관, 『김포시의 역사와 문화유적』(1999)
박영규, 『한권으로 읽는 조선왕조실록』(들녘, 1996)
박정근, 『박정근의 고고학 박물관』(다른세상, 2002)
신명호, 『조선 왕실의 의례와 생활, 궁중 문화』(돌베개, 2002)
이경수, 『한국사 눈뜨기』(동녘, 2000)
이영문, 『고인돌 이야기』(다지리, 2001)
이호일, 『조선의 왕릉』(가람기획, 2003)

장국종,『조선정치제도사』(한국문화사, 1998)
정동주,『부처, 통곡하다』(이룸, 2003)
조병로·김주홍·최진연,『한국의 봉수』(눈빛, 2003)
통진향교교지편찬위원회,『통진향교지』(2002)
한국역사연구회,『역사문화수첩』(역민사, 2000)
한국역사연구회 17세기 정치사 연구반,『조선 중기 정치와 정책』(아카넷, 2003)
한국정신문화연구원,『디지털 한국민족문화대백과사전(EncyKorea)』(2001/2002년판)
KBS 역사스페셜,『역사스페셜6』(효형출판, 2003)

◆ ◆ ◆

김우림,「조선시대 신도비·묘비 연구」(고려대학교교육대학원 석사학위논문, 1998)
김우림,「조선시대 묘제의 이해」(고려대학교 박물관, 2003)
김주홍,「경기지역의 봉수 연구」(상명대학교대학원 석사학위논문, 2000)
도용호,「조선시대 향교·서원건축의 공간구성에 관한 연구」(청주대학교대학원 석사학위 논문, 1986)
박영철,「중봉 조헌의 의병활동에 관한 연구」(동아대학교교육대학원 석사학위논문, 1995)
배윤수,「조선시대 왕릉 석수에 대한 연구」(이화여자대학교대학원 석사학위논문, 1983)
심승구,「조선 초기 무과제도」(『북악사론1』, 1989)
이미르,「조선 전기 향교의 운영과 그 기능」(군산대학교교육대학원 석

    사학위논문, 2003)
이왕무, 「임진왜란기 조총의 전래와 제조」(『학예지』 10, 육군사관학교
    육군박물관, 2003)
전현정, 「양성지의 역사인식과 역사교육 강화론」(경북대학교교육대학
    원 석사학위논문, 2002)